年収1億円になる人の習慣

Habits of People Who Make a Million Dollars a Year

アースホールディングス取締役
山下誠司
Seiji Yamashita

ダイヤモンド社

年収1億円になる人の習慣

はじめに

年収1億円以上の人の「習慣」には、ある「共通のルール」があります。
でも、その「習慣（ルール）」を行うのに、特別な才能もいりませんし、最初にお金が必要になることもありません。**誰でもできるけれど、誰もやっていない「習慣」を、やり続ければいいだけなのです。**

「能力」の差は、小さい。
「努力」の差は、大きい。
「継続」の差は、とても大きい。
「習慣」の差が、いちばん大きい。

毎日、行う「習慣」だからこそ、その差は、いちばん大きいのです。**つまり、誰でも**

できる「年収1億円の習慣」を、あなたが身につけさえすれば、年収1億円は、実現可能なのです。本書で紹介する「36の習慣」の中でも、特に「お金の使い方」には、一貫性があります。それは、「目的以外のことには、1円のお金も使わない」ということです。

- 「最新モデルのフェラーリ（これまでに7台購入）」
- 「桜に囲まれた、10億円の豪邸」
- 「目の前に海が広がる、3億円の別荘」

を持つ、ある年収3億円の成功者がいます。ですが、実は、彼は、

- 「1本3000円以上するワインは買わない」
- 「110円以上するおにぎりは買わない」
- 「飛行機はエコノミーのみ」
- 「新幹線は自由席のみ」
- 「出張先では、最安値のビジネスホテルに泊まり、朝食は無料なら食べる」

という「習慣（ルール）」を持っています。

あるとき、その成功者と「有名・牛丼チェーン店」に入ったことがありました。
私は「60円の生たまご」を追加するつもりでしたが、彼は、

「生たまご1個に、60円を払うだけの妥当性がない…」
「生たまごを頼んでも、会社の目的に近づくことはない…」

とつぶやきながら、15秒ほど真剣に悩むと……、最終的に、注文するのをやめたのです。
彼は、年収3億円を稼ぐ一流の経営者ですが、

「生たまご1個のコストパフォーマンス（投資効率）を、15秒も考えている」

ことに、私は唖然《あぜん》としました。

また、私のクルマの助手席に彼を乗せて長野に向かっているときに、こんなことを言われたことがあります。

「ずいぶん燃費の悪い運転をするね。2000回転を超えると燃費が悪くなるから、もう少しアクセルを緩めたほうがいい。それに、目を血走らせて追い越し車線を飛ばしても、到着時間はそんなに変わらないから大丈夫」

たとえ「数百円」でもガソリン代を節約すれば、その分「目的」のためにお金を使うことができる。彼が経営者として、社員のためにお金をかけることができるのは、床に落ちている「輪ゴム1本」まで大切にする堅実さを持っているからなのです。

その成功者とは、私、山下《やました》誠司《せいじ》がナンバー2として取締役を務める、日本最大級・240店舗の美容室チェーン「EARTH（アース）」を展開する「(株）アースホールディングス」の創業者である、國分《こくぶん》利治《としはる》社長のことです。

國分は、テレビや雑誌でも、数多く取り上げられ、華やかな生活が目立ちますが、それもすべて「自分のビジョンを視覚化して、社員に見せるのに必要だから」です。

國分には「100人の経営者をつくる」「100年以上続く会社をつくる」という「ビジョン」があります。フェラーリを所有するのも豪邸に住むのも、「夢を形として、社員に見せるため」であり、欲しいから所有しているわけではないのです。社員の「夢」を刺激することで、向上心に火をつけたいと思っているからなのです。

國分は「ビジョン」をかなえるための投資を惜しみません。「億単位のお金」を平気で使うこともありますが、それ以外は「徹底して最低限のお金しか使わない」のです。

普段の國分は、じつに慎ましい。通勤は電車。プライベートで使う月の生活費は10万円以下です。フェラーリに乗るのは、「社内のイベント」のときのみ（年に2、3回）。

それが、年収1億円以上になる人の習慣であり、國分の決めた「ルール」なのです。

●「細部」を見ている人だからこそ、成功する

「株式会社プロワイズ」（不動産業）の平野喜直《ひらのよしなお》社長と新潟に行き、出店案件の調査をしたときのことです。

平野社長は、以前、大物政治家の側近をしていたご経験もあり、繊細かつ大胆な仕事をされます。また、日本全国で、あらゆる業種の店舗開発をしているので、とても感覚が研ぎ澄まされています。つまり「本質」を見抜く目を持っているのです。

たとえば、平野社長は、初めて訪れた場所でも、好感度のアンテナを張って「おいしいお店」を探し当てることができます。これまで、平野社長と一緒に入ったお店に、「ハズレ」は一度もありませんでした。口コミサイトやガイドブックを見ているわけではありません。そのかわり平野社長は「お店の細部」を見ていました。

「山下さん、あの店は、看板が汚かったから期待できない」
「あの店は、店員の後ろ姿に覇気がなかったから期待できない」

「あの店は、入口が雑草だらけだったから、期待できない」

平野社長は、虫眼鏡で拡大するように「細部」を観察し、そこに出る「本質を切り取っていた」のです。

●細部に「本質」があらわれる

- 性格は「顔」に出る
- 生活は「体型」に出る
- 本音は「仕草」に出る
- 感情は「声」に出る
- センスは「服」に出る
- 美意識は「爪」に出る
- 清潔感は「髪」に出る
- 落ち着きのなさは「足」に出る

この「訓話《くんわ》（名言）」は、２０１２年ごろ、「Facebook」や「Twitter」で大いに拡散されたものです（作者不明）。私も、「言《い》い得《え》て妙《みょう》」だと思います。その人の本質は、決して隠しきれるものではありません。

ほんの小さなこと（細部）の中に、はっきりとあらわれるものだと思っています。私は、この訓話を「美容室オーナー」の私なりにアレンジして、次のように、社員に伝えています。もちろん、自分自身にも、徹底的に叩き込んでいます。

【山下の法則】

●人間性は「声」に出る
●基本姿勢は「食べ方」に出る
●生き様は「歩き方」に出る
●センスは「フィット感」に出る
●前向きさは「肌質」に出る
●本性は「弱者への態度」に出る

です。では、1つずつ、解説していきましょう。

・人間性は「声」に出る

声にも「表情」があります。優秀な人の声には、芯が入っているような強さがあります。**声が大きい人は、活発で、ユーモアがあり、社交的です。**抑揚がなく平坦な声の人は、引っ込み思案な性格であることが多いです。

・基本姿勢は「食べ方」に出る

たとえば、「ブッフェ」に行ったとき、「たくさんの料理を少量ずつ食べたい人」「同じものを何回もおかわりする人」「すべての料理を食べないともったいないと思う人」など、料理の取り方、食べ方は人それぞれです。

「食欲」という根源的な欲求の中には、その人の本質的な価値観が集約されている気がします。

・生き様は「歩き方」に出る

たとえば、看護師さんたちを見ていると、皆、サッサッ・サッサッと、元気そうに歩いています。看護師さんの歩き方は、患者さんを元気にさせる歩き方なのです。ダラダラとダルそうに歩いている人は、仕事もダラダラしている人です。人をよけることなく自己中心的な歩き方をしている人は、やはり自己中心的に生きている人です。このように、歩き方には、その人の「生き様や状態」などが、そのまま出てしまうのです。

・センスは「フィット感」に出る

ファッションでもっとも大切なのは、その洋服が「似合うか、似合わないか」ということ以上に「体型に、きれいにフィットしているか、フィットしていないか」です。きれいにフィットしている服を着ていると、本人だけでなく、まわりにも「心地よさ」を与えてくれます。

・前向きさは「肌質」に出る

肌の状態は、心の状態をあらわしています。美容師として、たくさんの人の肌を見てきた結果、「マイナス思考の人の肌は、くすみがち」であることに気がつきました。ストレスで「腸内環境」が悪化し、肌荒れを引き起こすことが一因です。

一方、プラス思考の人の肌は、明るくハリがあります。

・本性は「弱者への態度」に出る

教育学者の故・森《もり》信《のぶ》三《ぞう》先生は、『修身教授録　一日一言』（致知出版社）の中で、次のように述べています。

「目下の人に対する心得の一つとして、目下の人だからといって、言葉遣《づか》いをぞんざいにしないように――ということでしょう。これはうっかりすると気付きにくい点ですが、大体人間の人柄というものは、その人が目下の人に対する場合の態度、とくにその言葉遣いによって分かるものであります」（※1）

私も、そのとおりだと思います。目下の人や社会的弱者に対して、横柄にしていると、「人間性」自体を問われかねません。

その人の本質は、圧倒的に「細部にあらわれる」のです。動作ひとつでも、その人の感情や気持ちが伝わってくるものです。

頭の先から足の先まで、決して油断しない。声、食べ方、歩き方の、ひとつ一つにこだわって、自分を表現する。それが、「年収1億円」に達する秘訣ではないでしょうか。

●成功者の時間は、「一石四鳥」

(株)アースホールディングスの社長である國分は、「時間のムダ」も、徹底的に嫌います。「目的につながらない」ことには1秒も使いません。

千葉県の鴨川にある國分の別荘で、「EARTH全国オーナー会議」が開かれたことがあります。会議は「午前11時」からはじまったのですが、会議開始から5分後、会議の様子をじっくり見ていた國分が、全国のオーナーを驚かせる発言をしたのです。

「はい、もう会議は終わり。予定を変更して、今から、みんなでバーベキューをしよう！」

北海道～沖縄までの日本中のオーナーを、千葉県の鴨川まで集合させておいて、5分で國分が会議を切り上げたのは、ムダだと感じたからです。椅子に座ってかしこまるより、房総の海と風を感じながら夢を語り合うほうが、「経営者を100人つくる」というビジョンのためには「プラスになると判断した」からです。

一方で、「目的につながる」ことには、惜しみなく時間を注ぎます。

國分とはじめて一緒に温泉に入ったときのことです。國分は、なんと、延々、「6時間」も入浴していたのです。私は、「長湯をするほうが時間のムダではないか？」と思ったのですが、そうではありませんでした。

社員と連れ立って長湯をするのは、それが「美容と健康のため」であり、「裸の付き合いをして社員との距離を縮めるため」であり、「ミーティングをするため」であり、「施設のクレンリネスや接客力をチェックするため」だったのです。國分は、6時間、延々と、若手の社員と、裸での会話をしていたのです。

「年収1億円の人」に変わるには、まずは、「お金」と「時間」の使い方を変えることです。

「お金」と「時間」は、「目的、目標の実現」のために集約する。間違った使い方をあらためないかぎり、「年収1億円」は、達成できないのです。

●年収1億円に近づく時間の使い方は「最初の10年間は休まない」

私は、24歳から39歳までの15年間、1日も休むことなく、晴れの日も、雨の日も、雪の日も仕事をしました。

まったく、休みを取らないので、

「山下さんは、いったい、いつ休んでいるのですか？」

と聞かれることもありましたが、そのときは、

「毎日が仕事であり、毎日が夏休みでもあります」

「週休2日です。月〜金は『仕事』で仕事をして、土日は『趣味』で仕事をしています」

と答えていました（笑）。

私には、「仕事」と「プライベート」の境界線も、「オン」と「オフ」の境界線もありません。あるのは、「ハイ（ハイギア／高速）」と「ロー（ローギア／低速）」の感覚です。スピードを落とすことはあっても、ストップすることはありません。

「仕事に追われているから、休んでいる暇がないのですか？」と聞かれることもありますが、違います。むしろ、私が仕事を追って（探して）います。

また、「仕事が楽しいから、休まなくても平気なのですか？」と聞かれることもありますが、これも違います。**楽しいから休まないのではなくて、「休まなかったから仕事が楽しくなった」のです**。

「ＥＡＲＴＨ銀座店」に入社したばかりのころ、私は社長の國分から、「年収1億円を超えたければ、最低でも3年間、できれば10年間、休みなしで働くと、達成できる」というアドバイスをもらいました。

当時の私は仕事が好きではなかったので、「休みがないなんて、ありえない」と思っていたのですが、「とりあえず3カ月だけ、休まないで仕事をしてみよう」と腹をくることにしたのです。

そして、休まずに3カ月間たったとき、それまでの自分からは思いもしなかった感情を覚えるようになったのです。

「仕事がけっこう好き」という感情です。

けっこう好きなことをしているので「休みたい」と思わなくなりました。そして、休まずに1年たったころには「仕事が大好き」になりました。

そして、休まずに3年が過ぎたころには、「仕事と遊びの境界線がなくなる」ようになりました。國分は私に**「年収1億円を超えたければ、仕事を大好きになることが大前提」**ということを教えてくれたのです。

このころになると、日常のあらゆることが「仕事」と結びつくようになりました。

たとえば、温泉に入っているとき、「今、隣にいるこの人をお客様にするにはどうしたらいいか？」と考えたり、街並みを彩る植栽《しょくさい》が目に入れば「この植栽は店舗にも活かせるのではないか」と発想するようになりました。

出社していなくても、仕事を生み出せるようになったのです。

●銀行に貯金するつもりで、自分の時間を積み立てる

かつての私は、「仕事」を「私事《しごと》（わたくしごと）」ととらえていました。「自分さえよければいい」と思い、自分を殺して「好きでもないことを無理してやっていた」のです。けれど、今の私にとって、「仕事」は「志事《しごと》」です。個人の満足のために働くのではなく、「みんなの役に立つことをしたい」という「志」を持って取り組んでいます。

「ＥＡＲＴＨ」には、サーフィン部、野球部、スノボー部、バスケ部、テニス部といった「部活動」があって、なんと、私は「志事部《しごとぶ》」の部長です（笑）。「志事部」の活動内容は、「志事」をすることです。なので、部の活動としては、「いつもどおり仕事をする

こと」が使命です。

「志事部」は、本気でなければ務まりませんから、社内でも、もっとも部員数が少ない(笑)。けれど、「志事部」を卒業した社員は(3年で卒業するルール)、その後、全員が年収1000万円を超えています。どうです？　すごい部活でしょう！

3年間、本気で働く。すると、嫌いだった仕事が「志事」になり、大好きな「趣味」に変わります。**自分の時間を銀行に貯金するつもりで積み立てていくと、やがて大きな利息がついて、自分に戻ってくるようになるでしょう。**

はじめから「好きな仕事」などありません。「好きな仕事は探すものではなく、自分で作り上げていくもの」なのです。

●「早起き」は1億円以上の得

私が、「年収1億円を超えるための習慣」として、最も、大切にしていることの1つに、

「早起き」があります。詳しくは、「本章の62〜75ページで解説」いたしますが、私の「早朝出社」に触発されて、銀座店の店舗内で、化学反応が起きました。

当時、ＥＡＲＴＨ銀座店には32人のスタッフがいましたが、その中の上層部12人が、「出社時間の早さ」を競い合うようになったのです。

私が「早起き」をはじめたころ、「午前8時前」に出社していたのは、私ひとりでした。ですが、他の幹部も早く出社しだしたので、午前8時では一番が獲れなくなって、午前7時、午前6時、午前5時と早まり、ついに「始発電車で出社」するまでに、競争がヒートアップしてしまったのです。

始発電車よりも早く出社するには、どうしたらいいか。どうしたらこの競争に決着をつけられるか。「電車では勝てない！」とわかった私は、すぐさま、その日の帰りに、4万円で「中古の原付バイク」を購入しました。

翌日、早朝の午前3時15分に自宅を出て、「午前4時前」に出社するようにしたところ、

「さすがに、そこまではできない！」と周りもあきらめてくれ、「この出社時間競争」に終止符を打つことができました（笑）。

●「得」したければ、「損から入る」

私が店長になって半年後には、32人のスタッフ全員が「2時間前」には出社して、朝8時には、全員でチラシを配るようになりました。

「早起き」をきっかけに、スタッフの「時間の使い方」が変わり、ヘアカラーやパーマの放置時間（15～30分）にも外に出てチラシを配るなど、能動的に時間を使うようになりました。朝の時間帯は「理性的」に仕事ができますから、トラブル、クレーム、ミスも減りました。

私が美容師になった当時は、明け方まで仕事をする「夜型」が幅を利かせていました し、カットの練習も、会議も、講習会も、「夜に行うのが通例」でした。ですから、スタッフが早朝出社を競い合う「ＥＡＲＴＨ銀座店」は、他の店に比べて「異例」でした。

けれど、スタッフ全員が「タイムカードの数字」を意識して出社時間を早めたからこそ、生産性が上がり、「ＥＡＲＴＨ銀座店」の月商は、2年で3倍（８００万円から２４００万円）に増えたのです。

「早起きは三文の得（徳）」と言いますが、「得（徳）」を取るには、最初に「損」をしなければなりません。

「ダスキン」の創業者・鈴木清一《すずきせいいち》さんは、ダスキンの経営理念に、

「自分に対しては　損と得とあらば損の道をゆくこと　他人に対しては　喜びのタネまきをすること」（※2）

と掲げていますが、私も早起きを覚えたことで、「損から入る」ことの大切さを学びました。

朝早く起きてチラシを配っても、店内の掃除をしても、カットの練習をしても、それが直接、すぐに「人事評価」や「給与」に反映されるわけではありません。

けれど、「夜に出歩く時間を減らし、自分の時間を差し出す」という「損」をするから

こそ、実力が養われ、周囲の評価につながり、応援され、認められ、後々、大きな「得(徳)」となって戻ってきたのです。

「ＥＡＲＴＨ銀座店」の月商が３倍に増えたのは、社員全員が「損から入る」ことを厭《いと》わなかった結果だと思います。

●「超早起き」は、30億円の価値を生む

「ＥＡＲＴＨ銀座店」の出社時間競争をしていたころは、原付バイクに乗って午前４時前に出社していましたが、売上が全店１位になってから（銀座店の月商が２４００万円～２７００万円になってから）の私は、「天下を取った」ような浮かれ気分になって、少しずつ、慢心します。出社時間が遅くなっていたのです。

遅いといっても、「午前7時」には出社していましたから、「美容業界に、自分ほど早起きの人間はいない！」と勝ち誇っていました。

そんなとき、國分社長からある雑誌を渡されました。その雑誌の記事には、「(株)壱《いち》

番《ばん》屋《や》（カレーハウスCoCo壱番屋）」の創業者、宗《むね》次《つぐ》徳《とく》二《じ》さんについて書いてありました。
私はこの記事を読んで、「敵なし」のうぬぼれを恥じました。

宗次さんは、どんなに就寝が遅くても、「朝3時55分（さあゴーゴー）に起床、朝4時台の出社」を続け、３６５日、毎日かかさずに、全国各地から寄せられる「お客様アンケート」のすべてに目を通していたそうです。

しかも、毎朝平均して90分間、台風が来ようが雪が降ろうが、微熱があろうが腰が痛かろうが、地域のボランティア清掃と、植え込み（花）の管理に勤《いそ》しんでいました。経営を退いてからも、そのリズムは変わりません。

「ぜひとも、宗次さんに弟子入りしたい！」

そう思った私は、当時、いても立ってもいられずに、翌日、すぐさま、新幹線に飛び乗って、（株）壱番屋の本社がある愛知県に向かいました。

名古屋駅で、いきなり、宗次さんに「飛び込みの電話」をかけ、無理を承知で「明日の朝、一緒に掃除をさせてもらってもいいですか」とお願いをすると、宗次さんは、面識のない私に対して、「いいですよ」と快諾してくださったのです。

翌朝、宗次さんと一緒にボランティア清掃をさせていただき、わかったことがあります。それは、「経営で大事なのは、売り方やシステムではなく、『姿勢』である」ということです。

宗次さんは、

「私に言わせれば、『早起きは三文の得（徳）』ではなく、『早起きは3億の得（徳）。超早起きは30億の得（徳）』です。してもしなくてもいいことは、誰もやりたくない。**けれど、それをやり続けるから、自分（会社）の成長につながります**」

とおっしゃったのです。

- **「早起き」→始業2時間前の出社**
- **「超早起き」→始業4時間前の出社**

私財を投じてコンサートホール「宗次ホール」を建設したり、小中高への吹奏楽器の寄贈といった慈善活動に取り組んでいるのは、「寄付社会をつくりたい」という思いがあるからです。

宗次さんが「寄付は楽しい」と言い切れるのは、「損から入る」を徹底しているからです。宗次さんと同じレベルで「損から入る」ことはできなくても、「早起き」なら、明日からでも、誰でも、すぐにはじめられるのではないでしょうか。

誰もがやりたがらない早朝出社をして、「損から入る」。会社のため、地域のため、お客様のために時間を使う。それが、もっとも簡単で、もっとも確実な「年収1億円の習慣」だと私は信じています。

●「カッコイイ」は「年収1億円」の原動力

今、振り返ってみると、私は子どものころから、「ヒーロー気取り」で、「カッコイイ」か「カッコ悪い」かで物事を決めていた気がします。

自分が「カッコイイ」と信じていることなら、「本気」になれました。「美容師になりたい」と思ったのも、経営者を目指したのも、「カッコイイ」と思えたからです。

人間は、自分が「カッコイイと思えるもの」にしか、真剣に取り組めないものです。

私の学生時代には、「不良＝カッコイイ」という公式がありました。『ビー・バップ・ハイスクール』（きうちかずひろ作の不良漫画）に憧れて、私もそれなりにヤンチャをしたものです。

高校時代の私の夢は「喧嘩で全国制覇すること」でしたが、高校の先生からは、「戦国時代じゃないんだから、喧嘩が強くてもヒーローにはなれない」とあきれられていました。

高校卒業後、同級生の多くは就職をしましたが、私は上京して、美容専門学校に入学しました。

美容師を目指したのは、その先に「経営者」への道が開かれていると考えたからです。そのときの私にとって、「経営者になること」がカッコよさでした。正直に言うと、若い私は、「会社を経営して『お金持ちになること』がカッコイイ」と思っていました。

●自分の美意識に反する行動はしない

幼少期から、私はぼんやりと、「サラリーマンではなく、経営者になりたい」と思っていました。

「ＥＡＲＴＨ」に入社した私が15年間、1日も休みなく仕事をすることができたのも、誰よりも早く出勤できたのも、それが自分で決めたルールであり、

「ルールを破るのはカッコ悪い（それを続けたらカッコイイ）」

「普通にやって、普通の結果しか出せないのは、カッコ悪い」

という思いがあったからです。

そして私が、年収２０００万円の壁を破って「年収1億円」を達成できたのも、

●「自分のためだけにお金儲けをするのは、カッコ悪い」
●「他人のために頑張ったほうがカッコイイ」

という「美意識」を持っていたからです。

迷ったときは、その生き方が自分にとって「カッコイイ」か「カッコ悪い」かで選ぶ。その行動が「カッコイイ」か「カッコ悪い」かを自分の美意識で判断する。そして自分が思う「カッコイイ」の基準を貫き、継続する。

自分が芯から「カッコイイ」と思えれば、自然に、体は動いてくれるものです。

私も、上京してしばらくは、ビックリするほどの「極貧《ごくひん》」でした。専門学校の学費も自分で払っていましたし、美容師になった当時から、セミナーや講演会にも自費で参加していたので、もちろん、お金が足りません。

ついにはお金を借りまくり、23歳のときには、「借金500万円長者」となっていました。3日間、何も食べないこともありました。電気、ガスが止まり、ついには最終防衛ラインである「水道」までも止まり、タバコを吸いたくなったら、落ちているシケモク（吸い殻）を拾い集めていました。

ひもじい思いも、惨めな思いも、悔しい思いもしました。**でも、貧しかったからこそ、「お金の大切さ」「お金の使い方」「お金を失う恐怖」が身にしみてわかりました。**

だからこそ、「年収1億円」を目指したのだと思います。

冒頭でも書きましたが、この「はじめに」で記したことを行うには、特別な才能もいりませんし、最初にお金が必要になることもありません。

誰でもできるけれど、誰もやっていない「習慣」を、やり続ければいいだけなのです。

そうすれば、「年収1億円を現実にできる！」と、私は、強く、確信しております。

（株）アースホールディングス取締役　山下《やました》 誠司《せいじ》

年収1億円になる人の習慣　目次

第1章 基本の習慣

Basics

第2章 仕事の習慣

Work

第3章 生活の習慣

Living

第4章　学びの習慣

Learning

第5章 人生の習慣

Life

カバーデザイン／重原 隆
本文デザイン・DTP／斎藤 充（クロロス）
編集協力／藤吉 豊（クロロス）
編集担当／飯沼一洋（ダイヤモンド社）

第1章

基本の習慣

Basics

【習慣01】

仕事は「質」よりも「スピード」。「フライング」なら、なおよし

仕事で大切なのは、「質」よりも「スピード」です。とくに、超一流の世界では、「フライング以外はすべて遅刻」とみなされます。**つまり、「フライングぐらいは、余裕でしないと、そもそも勝負の土俵に上がれない」のです。**

以前、化粧品メーカー・A社のミーティング（コンペ）を見学させていただいたことがあります。このコンペは、「A社のプライベートブランド（化粧水）」の開発に携わる受注業者を選定するもので、数社が参加していました。

この日は、A社から、各社に対して商品に関するオリエンテーションが行われ、参加した業者は、1週間後までに、「企画書」を提出する段取りになっていました。

ところが、受注業者は、コンペが終了した「1時間後」に決まりました。受注したの

は、B社です。選定理由は、「たった今、企画書が送られてきたから」だそうです。**企画書の提出まで1週間の猶予《ゆうよ》があるにもかかわらず、B社の担当者は、コンペが終わって、わずか「1時間後」の鬼のスピードで、企画書を送ってきたのです。**

私がA社の社長に、「他社の企画を見ずに、決めてしまっていいのですか?」と尋ねると、次のような答えが返ってきました。

「スピードの速さは、本気度と情熱のあらわれです。情熱が冷めないうちにすぐに行動する人間は、間違いなくいい仕事をします。だから私は、仕事のスピードを見て、これはいい仕事をしてくれるだろうと、判断したのです」

後日、B社の担当者とお話しする機会があったので、「どうして、あそこまでの鬼スピードで、化粧水の企画書を出したのか」をうかがってみると、この担当者は、「速さは、それだけでアドバンテージになる」という考えを持って、いつも仕事をしていることがわかりました。彼は、こう続けました。

「一流の人や社長は、たいてい『せっかちな人』が多いので、どんなにいい企画を出しても、仕事が遅いと、その時点で、もう勝負になりません。だから、少しくらい企画が荒削りでも、私は、鬼スピードを優先しているんです。先方が『これは、ちょっと、時間がかかるだろうな』と考えている仕事こそ、相手の度肝を抜くレベルのスピードを見せる。そうすれば、企画の内容がパーフェクトでなくても、選んでいただけます」と。

経験が浅くて未熟なうちは、「仕事が遅い」のはしかたがありません。けれど、「スタートが遅い」のは致命的です。

「仕事が遅いのは能力の問題」ですが、「スタートが遅いのは姿勢の問題」だからです。

コンペ参加者の中で、B社の担当者は、もっともキャリアが浅かった。だから内容勝負ではなく、「鬼のスピード勝負」に持ち込んで、ぶっちぎりのフライングを決めた。そして、その「姿勢」が評価され、見事、「受注」という勝利を勝ち取ったのです。

●行動が先、考えるのはあと

以前、私が経営する美容室の各店舗に向けて、「ヘアカラー回数券」の販促のしかたをレクチャーしたことがあります。このとき、多くの店長が二の足を踏みました。「回数券の販促なんて、うまくできるはずがない」と、はなから決めつけたのです。とくにベテランの店長ほど、今までのやり方を捨てることができず、実行に移しませんでした。

ですが、当時「EARTH《アース》浜松志都呂《はままつしとろ》店」の店長になったばかりの木村聖也《きむらせいや》だけは違いました。「新米だから、自分の考えを入れずに試してみよう。どうして、その販促の方法だと回数券が売れるのかわからないけれど、とにかくやってみよう」と考え、即座に実行に移しました。早朝の浜松駅前での路上販売、オフィスやホテルへの訪問販売、居酒屋で隣り合わせた人にまで販売しました（前代未聞！）。木村の本気の姿勢に、スタッフ皆が触発され、その結果「ヘアカラー回数券」の売上が全国1位！　4年後、店舗の月商は430万円から2580万円と6倍に！　いまや木村は8店舗のFC《フランチャイズ》オーナーとなり、年商6億円、スタッフ100名を率いるEARTHが誇る経営者となっています。

今と同じやり方では、今と同じ結果しか得られません。それどころか、今よりも下がってしまうこともあります。大きな結果を残したいなら、意味がわからなくても、「今と違うやり方」を取り入れて、やってみることです。やれるかどうかを判断してから行動をしようとすると、「スピード感」が損なわれます。まず、鬼のスピードで、やってみる。「行動が先、考えるのはあと」です。**「行動する」ことによって、はじめて「正しく考える」ことができるのです**。大切なのは、「最初の一歩は、できるだけ早く踏み出す」ことです。「フライング」なら、なおよしです。

【習慣02】

電卓を叩くだけで、「お金」に好かれはじめる

「年収1億円」を超えたいのなら、「数字」を好きになることです。「お金は、数字によってあらわされる経済活動の結果」ですから、数字に強くならないと、当然、お金持ちにはなれないのです。

私はかつて、「数字アレルギー」でした。「美容師はアーティスト。クリエイティブな仕事をする人間に、数字は必要ない」と思っていたのですが、年商750億円、社員数8000人、年収12億8000万円のアパマンショップの創業者、(株)三光ソフランホールディングスの高《たか》橋《はし》誠《せい》一《いち》会長から、「数字に弱い人は、お金にご縁がない人」と、たしなめられたことがありました。

私が「では、数字に強くなるには、どうしたらいいのでしょうか？」と質問をすると、「山下くん、そんなの簡単だよ。『電卓』を持ち歩きなさい。**普段から、カタカタカタと、リズミカルに電卓を叩くだけで、お金に好かれるようになる。いいかい、山下くん。信じるな、疑うな、確かめろ…だよ**」と、電卓を叩くことを教えていただきました。

私は、会長と別れた1秒後、その足で、即、家電店に突撃。すぐさま、電卓を買って、「デンタくん」と命名し（笑）、店舗にかかる費用を計算してみることにしたのです。電卓を常に携帯して叩くことをして3カ月もすると、私の「数字の見方」は、明らかに変わりました。少しずつ、「数字の背景」「その数字が暗に示している現場の状況」が読み取れるようになったのです。

3カ月間、電卓を使ってみてわかった「電卓を叩くメリット（数字に強くなるメリット）」は、次の「3つ」です。

【1】現場の「異常値」を早期に発見し、早期に解決できるようになる

毎日、全店舗の数字を見ていると、「異常値」をあぶり出しやすくなります。

ある店舗で、「ヘアカラーの比率が少ない」ことがあり、その原因を突き止めると、「へ

アカラー剤の在庫が足りない」ことがわかりました。すぐに在庫を増やすように指示し、機会損失を減らすことができました。

【2】社員の「ごまかし」をけん制できるようになる

お恥ずかしい話ですが、以前、スタッフがお店の商材（シャンプー剤やスタイリング剤など）を勝手に持ち帰っていたことがありました。自分で使うためです。

ですが、私が、スタッフの目の前で、電卓を叩きながら「仕入比率」などを見るようになったことで、社員が数字をごまかせなくなったのです。

そしてスタッフは、私に対して、「山下さんは、数字を細かく見ているから、ウソがつけない」「きちんと売上を報告しないと、すぐに見抜かれる」という印象を持つようになりました。電卓を叩くことが、いわば、スタッフへの「けん制球」になったわけです。

【3】数字のトリックにだまされなくなった

これは極端な例ですが、仮に「『1億1万円』のマンションが、明日になれば1万円安くなって、『1億円』になる」ことがわかっていても、多くの人は、明日まで待つことはありません。「1億1万円」も「1億円」も大差ないと考えてしまうからです。

しかし、「1万円のワインが、明日になれば無料になる」とわかっていれば、多くの人が明日まで待つでしょう。どちらも「1万円」なのに、「1億1万円のマンション」になると待てないのは、「1億円」という大きな数字に意識が向いてしまって、「1万円の価値」を冷静に判断できなくなったからです。

消費者心理を考慮した価格設定に「端数《はすう》価格」と呼ばれるものがあります。500円や1000円といった切りの良い数字よりも、「498円」「980円」にしたほうが消費者にお得感を与え、購買意欲を刺激することができます。

電卓を持ち歩くようになってからは、こうした「数字のトリック」にだまされることがなくなりました。商品の価値と価格を客観的に判断できるようになったのです。

「年収1億円」を超えたければ、数字に強くなることです。数字に強くなるには、数字を、毎日、見ることです。

そして、数字を、毎日、楽しく見るには、「常に電卓を持ち歩く」のがもっとも簡単で、もっとも効果が高い方法なのです。

【習慣03】

「最前列」はアリーナ席。会議・講義・勉強会では、最前列に座る

10代のころの私は、「人の話をまじめに聞くなんて、カッコ悪い！」と思っていました。斜に構えて「面倒くさそうに話を聞く」ほうがカッコイイと勘違いしていました。

学生のときは、いつもいちばん後ろの席に座り、「前に座るのは、お真面目なガリ勉がすること」だとバカにしていました。社会に出てからもその姿勢は同じで、社内の勉強会があると、決まって「いちばん後ろの席」が、私の定位置でした。

社会人になって、半年ほどたったときのことです。前職の会社では、定期的に、社長による社内勉強会が開かれていましたが、いつものように「いちばん後ろの席」に座ろうとすると、直属の上司だった店長に声をかけられました。

「山下さん、後ろの席に座ってはダメだよ。前が空いているでしょ？　前の席は『アリ

ーナ席』で価値が高いんだよ。だから、前の席に座らないともったいないよ」

●最前列での1回の受講は、最後列の「10回分」に値する

最前列に座った私は、店長が「アリーナ席」にたとえた意味がわかりました。そして、「席を変えただけで、学びの深さが、断然、変わる」ことを痛感しました。

私が感じた「最前列（アリーナ席）」と「最後列」の違いは、次の「4つ」です。

【1】当事者意識が芽生える

講師が「自分」に向けて話しかけているように感じるので、「自分ごと」として話を聞くことができます。最前列で話を聞くようになってから、私は「ノート」を取るようになりました。しかも、聞いたことをそのまま書くのではなく、「今日、教えてもらったことを明日の仕事に生かすとしたら、何ができるのか？」を考えて、「〇〇を習慣にする」「〇〇を意識して行動する」と、「行動のレベル」にまで落とし込んで、ビッシリ書くようにしました。その結果、「学び」を、翌日から即座に実行できるようになったのです。

【2】周囲にいる人の意識が違う

後ろの席にいる人たちは、以前の私と同じように「勉強なんて面倒だ」と思っている人が多く、講師の話を真剣に聞くことはなかった気がします。愚痴をこぼしたり、私語をしたり、寝ている人もいました。けれど、最前列にいる人たちは、講師が目の前にいますし、そもそも前向きな人が多いので、気持ちが緩むことはありません。

【3】講師に顔を覚えてもらえる

最前列に座っているだけで「情熱のある人物」だと思ってもらえます。また、講師に話しかけられることもあるので、顔を覚えてもらいやすいのです。

講習中に「キミの出身はどこなの？　静岡？　じゃあ、○○さんと一緒だね」と声をかけてもらったことがあります。また、上場企業の会長には、「山下くん、キミみたいに、外見を気にしている経営者はダメなんだよ（笑）」と冗談のダシに使われ、名前を覚えていただいたこともありました。

ある億万長者は、「前の席に座る人たちのほうが、社会で活躍する伸び代が多く、日本の発展につながる」という理由で、懇親会では、「前の席に座っていた人」と飲むそうで

す。実際に私も、「このあと飲みに行こうと思って、誰を誘うか考えていたのですが、最前列に座っている人たちを連れて行こうと思います」と、ただ、最前列に座っていただけで、懇親会のメンバーに選んでいただいたことがありました。

もちろん、懇親会でも、講師の真ん前に陣取って、最後の最後までお付き合いします。

【4】後ろではわからない講師の「表情」が見える

後ろの席では聞こえない「小さな声」「息づかい」「ちょっとした冗談」「しぐさ」「情熱の温度」がわかり、後ろでは気がつけない、一流の人の「細部の表情」が見えます。したがって、臨場感をともないながら、より深く学ぶことができるのです。

最前列での1回の受講は、最後列の「10回分」に値します。ですから、会議や講演に出席するときは、迷わず「最前列」に座りましょう。たいてい最前列は空いているものですから（笑）。

中心人物（講師）に、できるかぎり近づいて話を聞いたほうが、より多くの「学び」を持ち帰ることができるのです。

【習慣04】

会社まで「30分以内」で通勤できる場所に住む

私は「通勤時間は、0分が理想」だと考えています。なぜなら、通勤時間は、非生産的な時間であり、何も生み出さないからです。

通勤時間を使って、「本」、「新聞」、「スマホ」に目を通して情報収集するのも悪くありませんん。けれど、「1分でも早く会社に着いて、仕事をはじめる」ほうが生産性が高いので、年収が上がりやすくなります。お金を生むのは、「情報」よりも、「行動」です。

ですから、職場と自宅は、できるだけ近いほうがいいと思います。「通勤時間は、ドア・トゥ・ドアで30分以内・限界説」というのが、私の持論です。

私は「人間が幸せを感じる通勤時間は、30分以内が限界」と考えていて、「通勤に1時

間かかる人の場合、職場に30分で行ける人と同じ幸せを得るためには、その人より『30%増し』でお金を得る必要がある」と思っています。

ということは、「通勤時間の1時間は、年収の30%と同じ価値がある」＝「平均年収450万円×30%＝135万円分の価値」と解釈できるわけです。

美容専門学校を出たての当時、私は都内の某美容室で働いていました。借りていたアパートから美容室までは、片道1時間30分かかります。往復で3時間です。私は、この3時間を、ひたすら、ボーッとして過ごしていました。

しかし、当時の美容室の大物社長に、「年収1億円になる過程では、1日のすべての時間を仕事に費やす覚悟が必要だ」と教えられました。

「20歳から60歳まで、1日3時間を通勤にあてたとすると、3時間×365日×40年＝4万3800時間。4万3800時間はちょうど『5年』だから、40年のうちの5年間は、何も生み出していないことになる。ヤバくないかね？　それは非常にもったいないから、職場に近い場所に引っ越したほうがいいんじゃないかね？」

私は、すぐさま、社長の助言に従って、翌月、引っ越しました。「できるだけ近く」ということで、美容室から、徒歩7、8分の場所に部屋を借りたのです。

●「引っ越し」は、家賃増加以上の、大きなリターンが得られる

ただし、ひとつ問題がありました。「家賃」です。

美容室は一等地にありましたから、その近くに住むと、どうしても家賃が上がってしまいます。6万円だった家賃は、一気に9万円に上がりました。当時の給料は手取り12万円でしたから、なんと残り3万円です！

けれど、引っ越してすぐ、周囲の目が明らかに変わりました。

引っ越しをするまでは、「どうせ山下はすぐに逃げ出して辞めるだろうから、教えるだけ時間のムダ」と相手にされていなかったのですが、引っ越し後は、「仕事のために、そんな近所に引っ越したのか！」と、先輩たちが、本気で向き合ってくれるようになったのです。カット練習につき合ってくれたり、常連客を私に任せてくれたり、「ヘアショー」（ロサンゼルスで開催される世界大会）への出演を認めてくれるなど、技術や人間力を磨くチャンスをいただけるようになりました。

また、社長や先輩から、「山下は、自宅が会社の近所だから、23時45分まで飲んでも、24時に寝れるだろう！」と、仕事帰りに、誘っていただく機会が増えましたし、残金が3万円なのも、完全にバレていたので、おごってもらうことができました。

食事をしながら、社長をはじめ、店長や先輩たちが培《つちか》ってきた経験についてうかがい、仕事のあり方を吸収することができたのです。

経営コンサルタントの大前研一《おおまえけんいち》さんは、「自分を変えるにはどうしたらいいか。私が昔から使っている簡単な方法が3つある。時間配分を変えること。住む場所を変えること。そして付き合う人を変えることである」（※3）と述べていますが、私の場合は、住む場所を変えただけで、時間の使い方が変わり、先輩との付き合い方が変わり、入ってくる情報の質が変わったのです。

9万円の家賃は、結果的に「とても安かった」と思います。もしあのまま「6万円のアパート」に住んでいたら、私は自分を変えることができず、美容師を辞めていたかもしれません。「通勤時間を減らすだけ」で年収が上がるのですから、通勤に30分以上かかっている人は、引っ越してみるのもひとつの方法です（理想は、10分以内の場所）。「引っ越し」は家賃の増加以上の、大きなリターンが得られる、強力な自己投資なのです。

【習慣05】

「身だしなみ、挨拶、接遇」を徹底すれば、問題の8割は解消する

2002年、私は「(株)サンクチュアリ」という会社を設立し、「EARTH《アース》銀座店」のFC(フランチャイズ)の「オーナー」になりました。

入社2年目、26歳での独立に得意げになり、ずいぶん思い上がっていたと思います。いつも、「お山の大将」気取り。とくに「挨拶をしてこない社員(後輩)」には厳しく接し、「なんで挨拶をしてこないんだ!」と、キツく叱ったこともありました。

当時の私は、挨拶は上司(先輩)が部下(後輩)から「されるもの」だと決めつけていました。

ですが、それは思い違いで、「挨拶の真実」とは、先輩も後輩も、目上も目下も関係なく、「自分から先にするもの」だったのです!

そのことを教えてくれたのが、ヘアメイク業界のスーパースターとして知られる、新《あら》井唯夫《いただお》さんです。

美容業界の関係者が集まるパーティーの席で新井さんをお見かけしたことがあります。新井さんとは、数年前に一度、名刺交換をさせていただきましたが「面識がある」といえるほどの交流はなかったので、あらためてご挨拶をしに行くつもりでいました。

すると新井さんのほうから歩み寄ってきて「お久しぶりです、山下さん、こんばんは。その節はありがとうございました！」と頭を下げ、手を差し出してくださったのです。

「数年前に名刺を交換しただけの一介の美容師（私）」のことを覚えていることにも驚きましたが、「挨拶は後輩から先にするもの」と思っていた私にとって、大先輩の新井さんが「先に声をかけてくださった」ことに、「ガーン！」という音が、実際に、聞こえるほど驚きました。新井さんほどの有名人であれば、その場に立っているだけで、大勢の人が集まってくるはずです。それなのに新井さんは、自ら進んで会場を回り、自分から挨拶をして回っていたのです。

新井さんの謙虚さと、心づかいと礼儀正しさに触れて、私は、リアルに鳥肌が立ちました。そして、「たった1店舗のオーナー」になっただけでイキがっていた自分の愚かさを恥じたのです。

新井さんに刺激を受けた私は、鬼のスピードで、翌日から、相手が先輩でも後輩でも、「笑顔を忘れず、礼節を持って、自分から大きな声で挨拶をする」ようになりました。

それまでの私は、いわば店舗の「独裁者」として社員を従わせていただけでした。リーダーとして失格だったと思います。

けれど、私が「誰に対しても率先して挨拶をする」ようになってからは、店舗に活気が生まれ、本当の意味で、社員の協力を得られるようになった気がします。

●「礼儀正しい挨拶」は、「チャンス」を得るための「投資」である

「EARTH松本庄内店《まつもとしょうない》」の場所は、地域の超一等地にあります。とても魅力的な立地でしたから、地主さんのもとには、私たちを含め、「36社」からの出店の申し込みがあったそうです。

では、どうして「EARTH」に決まったのでしょうか。

後日、地主さんにうかがうと、「お話をいただいたすべての社長とお会いしましたが、山下さんが、一番礼儀正しい挨拶をしていたからです。山下さんと会っていると、とても心地がいい。そういう気持ちのいい人に、この物件を使ってほしいんです」と答えてくださいました。「礼儀正しい挨拶こそが、最終的な決め手」だったのです。

横浜店を出店するときも、「挨拶」が大きなリターンを引き寄せました。物件オーナーが「誰にも貸すつもりはない」と決めていたテナントを借りることができたのです。

出店する土地や物件は、不動産業者を介して探すのが一般的です。ですが私は、業者を挟まず、こちらから物件オーナーのもとを訪《おとず》れ、ご挨拶をさせていただきました。すると物件オーナーは「美容室の人が、直接、挨拶に来たのは、山下さんがはじめてです。あなたになら、この物件を任せてもいい」と言って、私を信用してくださったのです。

私は、「礼儀正しい挨拶」は、「投資」であると考えています。「礼儀正しい挨拶」ができると、人に好かれ、敵をつくらない。だから、「チャンス」というリターンが得られます。**「チャンス」も「運」も、「人が運んでくるもの」です**。だとすれば、「礼儀正しい挨拶」で人と接するということが、品性をよりよくする秘訣なのです。

相手が目上でも目下でも、挨拶は、こちらから先に声をかける。笑顔を絶やさず、大きな声で、ハキハキと挨拶をする。そうすれば、たくさんのチャンスが集まってくるのです。

●「身だしなみ、挨拶、接遇」を徹底すれば、問題の8割は解消する

私が「ＥＡＲＴＨ銀座店」の店長になったころ、「銀座店」はグループ全店でもっとも成績の悪い店舗でした。お客様からも「スタッフがだらしない」というお叱りやクレームが数多く寄せられ、「ＥＡＲＴＨ」の他店からもバカにされていました。私は、悔しくて悔しくて、夜、ひとりで、数箱分のタバコを吸い続けたこともありました。

人の内面はそう簡単には変わりません。スタッフの内面を変えるには、時間がかかります。そこで私は「内面は変えられなくても、外見（見た目）ならすぐに変えられる」と考え、「身だしなみ」と「挨拶」「接遇（接客の姿勢）」に関する「独自基準」を作成して、「1枚の用紙」にまとめ、全員に配って徹底しました。たとえば、

- 「極端に薄い（細い）眉」、「極端な日焼け」、「ヒゲ」、「金髪」は禁止
- お辞儀は腰だけを曲げる（首は曲げない）。2秒で下り、2秒止めて、3秒で上がる
- 「挨拶（発声）」と「お辞儀」を区切る
- 聞く姿勢は、「へそ、顔、目」を相手に向ける。返事は大きく、語尾を上げる

といった「ルール」を決めて徹底したのです。すると、銀座店は劇的に変わりました。

ハキハキと大きな声で挨拶をしはじめたら、店内が明るくなりました。

語尾を上げて返事をするようにしたら、お客様に前向きな印象を与えることができました。外見を変えたことで、内面が変わり、行動が変わり、「業績」が変わったのです。

「身だしなみ」と「挨拶」「接遇（接客の姿勢）」を徹底するだけで、クレームや社内の揉め事の「8割は解消する」と思います。

まずは「外見」を整えてみる。「挨拶」のしかたを変えてみる。すると、まわりの人の見る目が変わり、評価が変わり、やがて、人生が大きく変わりはじめるでしょう。

【習慣06】

「2時間前出社」は、億万長者の基本中の基本

社内で「売上を一番」に伸ばしたり、「顧客数を一番」にしようと思うと、それには、ある程度のキャリアが必要です。ですが、明日からでもすぐに、「一番」になれるものがあります。なんだと思いますか?

それは、「出社時間」です。つまり、「早起き」をすることです。

「早起き」なら、誰にでも「一番」が獲れます。「早起き」に、社歴も、年齢も、学歴も、実績も、経験も必要ありません。実力ではかなわない先輩や同僚にも、「早起き」でなら、今すぐ、勝つことができます。

私は、2001年1月、24歳のときに、5年9カ月間勤務した都内の美容室を退社し

て、「ＥＡＲＴＨ《アース》銀座店」に入社しました。

当時の私は、カットの技術も接客サービスも拙《つたな》く、あきらかに実力不足。売上も、顧客数も、店長の足下にも遠く及びません。「数字が出せない」という焦りを消化できず、いつも、もがいていました。日に日に、増えるのは「タバコの量」ばかり。

そんな私に、（株）アースホールディングスの創業者である國分利治《こくぶんとしはる》社長は、「一番を獲るための『最速』『最短』『最強』の方法」を教えてくれました。それは…、

「早起きをすること（一番に出社すること）」

です。國分社長には、「タイムカードも大切な『数字』であり、『出社時間の早さ』で一番になれば、やがて売上でも一番になる」という持論がありました。

始業時間どおりに出社して2時間残業するのも、始業時間の2時間前に出社して定時で帰るのも、勤務時間の「長さ」は同じです。それなのにどうして、「出社時間を早くすると、成績が上がるのか」「早起きで一番になることに何の意味があるのか」、正直、そのときの私にはよくわかりませんでした。

けれど、なにがなんでも結果を残したかった私にとって、「早起き」だけが唯一のよりどころでした。「大きな目覚まし時計」を、即日、購入し、「始業時間の2時間前（午前7時）」に出勤してみることにしたのです。すると、早起きの成果は、すぐにあらわれました。

「早起き」をはじめて2ヵ月後の2001年3月には、銀座店の店長に抜擢されました。さらに同年11月には、月間の個人売上が「500万円」を超えて（スタイリストの平均は100万円）、銀座店のみならず、「EARTH全店1位」を獲ることができました。

出社時間が早くなるほど年収は増え続け、6年後の2007年、31歳のとき、ついに私の年収は、「1億円」を超えたのです。

●年収1400万円以上の「6割以上」が朝型

朝型の人（朝、余裕を持って起きて、自分のために時間を使っている人）は、夜型の人よりも年収が高い、という調査結果があります。

年収400万円未満では朝型が「3割程度」であるのに対し、年収1400万円以上では「6割以上」が朝型であり、年収が増えるにつれて朝型である人の比率が高くなっています（※4）。

どうして早起きをすると、年収が上がるのでしょうか。早起きと年収（実績）の相関関係について、私は次の「6つ」の経験則を持っています。

【1】早起きをすると、「目的意識」が明確になる
【2】早起きをすると、朝の1時間で昼の「4時間分」の仕事をこなせる
【3】早起きをすると、「優越感」や「勝った感」が自信につながる
【4】早起きをすると、「理性的」に考えることができる
【5】早起きをすると、「2時間前出社」となり、「2時間残業」より「10倍」高い評価がもらえる
【6】早起きをすると、仕事が「好き」になる

では、次の項目で、【1】～【6】を、詳しく見ていきましょう！

【習慣07】

「早起き」で年収が上がる6つのすごい理由

①早起きをすると、「目的意識」が明確になる

早朝出社をしたものの、はじめは何をしていいかわからず、店内をウロウロしていただけでした。

ですが、「早く起きたのに、何もしないのはもったいない」と思いはじめ、「掃除をする」「チラシを撒く」など、「時間の使い方」を自分で考えるようになりました。

何も目的がないまま「早起き」をすると、やることがないため、二度寝をしがちです。ですが、人間は目的に向かって行動する生き物なので、「朝の時間に何をするのか」が明確になっていれば、早起き習慣が身につきやすいのです。

目的（やるべきこと）を明確にすると、「時間をつぶす」のではなく、「時間を利用す

る」ように考え方がシフトチェンジするので、惰性に流されることがなくなります。

②早起きをすると、朝の1時間で昼の「4時間分」の仕事をこなせる

朝の脳はフレッシュな状態なので、仕事の効率が上がります。また、昼間は来客があったり、電話がかかってきたりするので、自分の時間が奪われてしまうことがありますが、朝なら、誰にも邪魔されないので、仕事に集中できます。

朝は仕事がはかどるため、実感として、「始業前の1時間は日中の4時間に匹敵」する感じがします。

朝の時間帯は集中力が高く、仕事の手際が良くなるので、昼間なら8時間かかる仕事を「始業時間前の2時間」で終わらせることができるのです。

出社時間前の2時間は、日中の8時間に相当します。仮に就業時間が「1日8時間」だとすれば、「朝の2時間」で1日分、「日中の8時間」で1日分、合わせて「2日分」の仕事が1日でできる計算です。

③早起きをすると、「優越感」や「勝った感」が自信につながる

私たちは、子どものころから「早寝早起きは良いこと」と教え込まれてきました。**そのためか、「早起き」をしていると、それだけで「頑張っている」「やる気がある」と評価されます**。遅い時間に出勤した人は、早朝出社した人に対し、確実に「引け目」を感じてしまうのです。

私自身、早朝出社をして「誰よりも時間を使っている」ことで自信を覚えましたし、他のスタッフに対して、精神的優位に立つことができました。

早朝出勤をする前の私は、人に遠慮をして思っていることを口に出せないタイプでした。けれど早起きが定着してからは、「人よりも早く来て、頑張っている」という実感に後押しされて、周囲に対しても、「こうしたらどうか」と、積極的に発言できるようになったのです。

④早起きをすると、「理性的」に考えることができる

心理学では、午前中を「理性の時間」、午後を「感情の時間」と分類することがあります。早朝は、物事を考えたり、発想力を必要とする仕事に適しているので、私は早朝の時間を使って、事業計画の策定や各店舗の数字のチェック、問題点のあぶり出しなどをしています。

また、朝は理性的な会話ができますから、スタッフに注意を与えるときは、必ず「朝」の時間帯を選んでいます。

きつく叱ったとしても、その日1日かけてフォローすることができるので、感情的なしこりを翌日まで持ち越すことがありません。

「EARTH《アース》」では、「夜になると頑張り出す店長」のお店ほど、スタッフの離職率が高い傾向にあります。なぜなら、感情にまかせてスタッフを叱責するからです。

私は以前、「深夜2時」にスタッフ全員に電話をかけ、「今からタクシーに乗って店に来い。掃除をやり直せ！　タクシー代は私が払う！」と呼び出したことがあります。その後、離職する社員が続出しました。当時の私が「夜は感情的になりやすい」ことに気づいていたら、社員を追い込むことはなかったと思います。

私は今、「午後6時以降は、仕事の話を、いっさいしない」と決めています。そのかわり、社員とお酒を飲みに行ったときは、「夢」を語るようにしています。

「朝に現実を語り、夜に夢を語る」のが私の時間の使い分け方です。

⑤早起きをすると、「2時間残業」より「10倍」高い評価がもらえる

早朝出勤は、残業するよりも、周囲に対する「アピール力」が高いと思います。

銀座店の店長になったころ、なんとか売上を上げようと思い、早朝のJR新橋駅前で、シャンプーの「ワゴン販売」をしたことがありました。もちろん、まったく相手にされず、1本も売れませんでしたが（笑）、美容ディーラーのT社長が、偶然、通りかかり、声をかけていただきました。

「あれ、山下さん、どうしたの？　最近、EARTH銀座店の店長になったんだよね」

やがて、関東圏のサロンを中心に、ある噂が立ちはじめました。

「EARTH銀座店の店長は、すごいヤツらしい」

噂を広めた張本人はT社長です。T社長が、取引先や勉強会などで、「EARTH銀座店の店長は、すごい。早朝の新橋駅前で、サラリーマン相手にシャンプーを売っていた」と触れ回り、私の噂が広まったのです。話にどんどん尾ヒレがついて、「EARTH銀座店の店長は、輪投げの露店を開いて、シャンプーを景品にしているらしい」など、事実より「10倍」くらい話が盛られていました。噂を聞きつけて、弟子入り志願をしてきた人もいます（笑）。もし私が、「就業時間中」にシャンプーを売っていたら、T社長は私

のことを評価してくださらなかったと思います。
「早朝」だったからこそ、T社長は、私のやる気と自主性を評価してくださったのです。

⑥早起きをすると、仕事が「好き」になる

世界最高の起業家の1人と謳《うた》われるイーロン・マスク（オンライン決裁システムのPayPal、電気自動車事業のテスラ・モーターズなど、複数の世界的企業を創設している起業家）は、**「まず言いたいことは『超多忙であれ』ということです。何を仕事にするかにもよりますが、特に最初の職場ではとにかく忙しく働く必要があります。（中略）他が週に50時間働くなら自分は100時間働く」**（※5）と述べています。

私自身も、振り返ってみると、「早起き」を習慣にしてからは、平均すると「週に100時間」（約14時間×7日間）は、仕事をしていました。

「週に100時間」仕事をしてみて、わかったことが「2つ」あります。

ひとつは、「能力がなくても、仕事にかける時間を長くすると、アイデアが湧いてくる」ということ。もうひとつは、「仕事が好きになる」ということです。好きだから仕事に集中できるのではありません。長時間働くからこそ、その仕事を好きになるのです。

【習慣08】

自然と早起きができる「3つのコツ」

私も元々は、「夜行性」だったので、はじめは眠い目をこすりながら、ひたすら「気合い」で「根性」で、毎朝、早朝に起きていました。最初は、あまりにも起きれずに、「目覚まし時計」を買い足していき、わずか3週間の間に5個にまで増えてしまいました！けれど、3週間もすると眠たさをまったく感じなくなり、今では、どんなに疲れていても、目覚まし時計が鳴るよりも早く目が覚めるようになりました。
睡眠時間が少なくても覚醒感が良いので、二度寝することはありません。

希望時刻に自然と目覚めるために、私が心がけているのは、次の「3つ」です。この「3つ」を心がければ「1週間」で「早起き」になれると思います。

【自然に目が覚める3つのコツ】

①カーテンを閉めないで寝る（もしくは、薄手のカーテンを使う）

人の身体は、朝、光を浴びると、脳にある体内時計がリセットされて、活動状態に導かれます。

朝の光によって、「メラトニンという睡眠ホルモン」の分泌が止まるので、目が覚めやすくなります（※6）。

②「トイレ」に行く時間をコントロールする

排便の時間を決めておくと、トイレに行きたくなって、目が覚めます。最初のうちは便意が起こらなくても、毎日、同じ時間にトイレに行くようにします。すると、体も脳も順応するようになり、決まった時間に便意をもよおすようになります（※7）。

③朝食を食べるようにする

朝食を毎日食べる習慣をつけると、規則正しいリズムができて、毎朝、お腹が空いて目覚めるようになります（私は、現在、朝食代わりにプロテインを飲んでいます）。

●早朝の時間を使えるようになると、1日が「濃く」なる

早朝出勤をするようになって、私がいちばん実感しているのは、

「時間を生み出した」

ことです。

朝早く起きると「1日を自分でつくっている」という前向きな気持ちになります。そして、「人生の目的」を主体的に考えられるようになります。

朝の時間を積極的に使えるようになったことで、日中や夜の時間の使い方も変わりました。隙間時間もムダにしなくなり、1日が「濃く」なったのです。

世の中が動きだす「朝9時」までには、「1日でいちばん大切な仕事」が完了していて、

その達成感を味わいながら、朝9時以降を、ゆとりある気持ちで過ごすことで、余裕を持って、その他の業務をこなすことが可能なのです。

また、早起きをしたことで、「営業時間外」の使い方に大きな差がつくこともわかりました。

「営業時間前」にはしっかりと準備をし、「営業時間後」にはスタッフとのコミュニケーションを図るのです。

営業時間外も「自分を高める時間」と考え、トータル「週に100時間以上」費やしたからこそ、最終的に、私は「年収1億円」を突破できるようになったのです。

休日出勤や残業をするより、早起きをして、「始業の2時間前に出社する」ほうが、圧倒的に効率的です。

早く起きれば、それだけ早く、経験も、実力も、スキルも積み上がっていきます。だから、早起きをするほど、年収が上がっていくのです。

第2章

仕事の習慣

Work

【習慣09】

悪いことは「1」やって「10」伝わる。良いことは「10」やって「1」伝わる

人の気持ちを動かすのは、「本気の姿勢」です。

会社を変えたいなら、社長が本気を示すことです。人に動いてもらいたければ、自分が率先《そっせん》して動くことです。

「G-FACTORY株式会社」（店舗の経営コンサルティング）の片平雅之《かたひらまさゆき》社長は、**「部下は悪いことはすぐにマネをして、いいことはなかなかマネをしない。トップが『10』行動して、社員には、ようやく『1』伝わる」**とおっしゃっていました。

では、「いいこと」をマネさせるには、どうしたらいいのでしょうか。

トップが自ら率先垂範《そっせんすいはん》して、社員に「本気の姿勢」を見せるしかありません。

片平社長は、すべての時間を仕事に費やし、専念しています。だから、「上場するまでは、結婚しない」とおっしゃっていました。片平社長のご自宅には、「テレビ」も「冷蔵庫」もありません。寝に帰るだけの部屋には、そんなものは必要がないからです。

社員を変えたければ、自分が変わるしかありません。「G－FACTORY」が快進撃を続けているのは、片平社長が、社員の「10倍」本気になって仕事をしているからです。

私が「EARTH《アース》銀座店」の店長になったころ、スタッフの遅刻と欠勤が横行していました。

お客様のご予約が「10時」に入っているのに、「11時」に出社するスタッフがいたり、午前中は姿を見せず、お昼すぎに「今日は休みます」と電話をかけてくるスタッフもいました。当時は、空前の「カリスマ美容師ブーム」でしたから、特に腕のいい美容師は、「少しくらいのわがままは許される」と思い上がっていたのだと思います。

あるとき、いつものように原付バイクでお店に向かう途中、私は不覚にも「交通事故」に見舞われました。日比谷通りの交差点で、左折するクルマに巻き込まれてしまったのです。

私はケガを負ったのですが、病院には行かずに、そのまま出勤をしました。「『無断欠勤や遅刻はダメだ』と言っている私が、ケガをしたからといって、遅刻することも、休むこともできない」と思ったからです。

そして、血だらけのまま、朝礼を行ったのです。

すると、翌日から、スタッフの遅刻と欠勤が「激減」しました。「血だらけになっても、遅刻も休みもしない」という私の「本気の姿勢」が伝わったのでしょう。**「口頭で100回伝える」よりも、「背中で1回語る」ほうが、人を動かすことができるのです。**

美容業界は、いまだに遅刻が多い業界です。ですが、「EARTH」は違います。現在、約3000人の社員がいますが、遅刻は、ほぼ「ゼロ」です。なぜかというと、本社・社長の國分《こくぶん》やリーダー陣が、「常に一番に出勤する」という「本気の姿勢」を見せているからです。

●リーダーは、「やりすぎ」くらいでちょうどいい

良いことは、伝達力が弱く、「10」やって「1」しか伝わりません。

反対に、悪いことは、伝達力が強く、「1」やって「10」伝わってしまいます。だからリーダーは、自制心を働かせなければなりません。

「EARTH」のFC《フランチャイズ》オーナーの中に、みずからの遅刻が原因で会社を潰してしまった人がいます。美容師としての技術は一流でしたが、マネジメントには向いていなかったのかもしれません。致命的なのは、遅刻が多かったことです。

オーナーという立場でありながら、「電車に乗っていたら寝過ごした」「二度寝してしまった」といった理由で、なんと「毎週2回」は遅刻をしていました。

オーナーが「本気の姿勢」を見せなければ、スタッフはついていきません。次第にスタッフの多くが、オーナーのマネをして、怠けはじめるようになってしまったのです。

リーダーは、「部下に見られている」という意識を持って、常に、「本気の姿勢」を示さなければいけません。だからこそ、

「当たり前のことを圧倒的にやる。誰にでもできることを誰にもできないくらいやる」のです。「やりすぎ」くらいでちょうどいいと思います。

【習慣10】時間の使い方が劇的に変わる、4つの「山下ルール」

「時間」は有限の人生資源です。時間は誰にでも等しく与えられていますが、その使い方次第で、実力の差は大きく開きます。

私の場合、密度の高い仕事をするために、「時間の使い方」に、4つの「山下ルール」を設けています。

【山下ルール①】仕事には必ず「短めの期限」を設ける

私は、いつも、「完璧主義」ではなく、「最善主義」で仕事をします。たとえば、企画を考えるときは、「いい企画が浮かぶまで、何時間でも考え続ける」のではなく、「この1時間、集中して企画を考え、1時間後にはひとまず書き上げる」のが私のやり方です。

あらかじめ時間を「期限」で区切って仕事をしたほうが、無制限で仕事をするよりも、結果的に質の高い仕事ができるからです。

期限を設定するときは、作業時間にバッファ（余裕）は持たせません。今の自分の実力では「1時間30分かかる」であろう仕事であれば、普通の人は、余裕をもって「2時間」とするでしょう。しかし、山下ルールでは「1時間」という限界の期限を設定しています。こうすることで集中力と緊張感が高まって、時間をムダにすることがありません。「期限」を設けたことで、迷っている時間の余裕がなくなり、決断のスピードが速くなるのです。結果的に、以前まで1日かかっていた仕事が「3時間」でできるようになるのです。

【山下ルール②】自分ひとりでできる仕事は、「始業時間前」までに終わらせる

各店舗の「数字」のチェック、業務報告のチェック、メールの確認と返信など、私がひとりで処理できる仕事は、基本的に「始業時間前」までに終わらせてしまいます。

【山下ルール③】仕事の「優先順位」を決める

仮に仕事が100個あったとしても、1日に100個の仕事を終わらせることはできないため、「優先順位」をつけます。これは「大きな石→小さな石→砂」という優先順位で仕事をするということです。たとえば「器」があるとすると、「砂」や「小さな石」が先に入ってしまうと、「大きな石」を入れるスペースがなくなってしまうからです。「大きな石」とは、私にしかできない重要な仕事のこと。「砂」は雑用です。優先順位の高い仕事は、できるだけ「朝」に終わらせるようにしています。やるべき仕事はノートに書き出しておいて、毎朝、優先順位の確認をしてから、仕事に取りかかるのです。

以前、既存店が3店舗だったときに、「1年間で11店舗」の新規出店に踏み切ったことがあります。一気に14店舗に増えたのですが、赤字転落の危機に陥りました。

3店舗のときは、私が自分で「雑用」をする時間がありました。けれど、14店舗になると、どうやっても時間が足りません。当時の私は「優先順位をつける」という発想がなかったため、ゴミ出しまで自分でこなしていました。その結果、「私にしかできない重要な仕事」（求人、集客、店長育成、クレーム対策、サービスの点検）にまで手が回らなくなってしまったのです。

本社・社長の國分《こくぶん》から、「赤字の原因は、全部、自分でやろうとしているから」と指摘を受け、「大きな石」の仕事に集中、特化したことで、全速力で、赤字から抜け出すことができました。

【山下ルール④】人に任せられる仕事は「人に任せる」

かつての私は「自分でやらないと気が済まない」人間でした。しかし今では、「小さな石」や「砂」の仕事や、私ではなくても対応できる仕事は、完全にスタッフに任せています（仕事の責任は私が持ちます）。任されたスタッフにとっても、いい勉強になります。私の仕事が予定よりも早く終わった場合は、現場を知る意味も込めて、私も加わります。

生産性を上げるとき、大切なのは、時間の長さではなく、「濃さ」だと思います。

ただ「長い時間仕事をする」のではなく、「短時間で集中して濃い仕事をする」ほうが、仕事の質も、高くなります。「やみくもな努力」を「一所懸命の努力」と勘違いせず、自分の仕事の棚卸をして、努力の方向性を定期的にチェックしましょう。

「期限」「優先順位」を決めなければ、本当の「質」を極めることはできないと思います。

【習慣11】「期限」を決めて「量」をこなしてこそ、圧倒的な「質」が手に入る

現代経営学の発明者と称されたピーター・F・ドラッカー（経営学者）は、「知識労働者の生産性は、量よりも質の問題であることを理解する」と述べています（※8）。「品質こそ、生産性の真の尺度である」という考え方に、私も異論はありません。

ですが、美容室の現場に立ってみて思うのは、質を高める前提として、一定期間は、徹底的に「量」を追求することが必要である、ということです。**量を増やす努力をすると、ある時期から、「量が質へと転化する」ようになるからです。つまり「量が質を生む」のです**。では、「量」を増やすには、どうしたらいいのでしょうか。それは、「期限」を決めて取り組むことです。

ある経営者のバースデーパーティーに招かれたときのことです。会場にいた招待客は

とても豪華な顔ぶれで、私はあきらかに「場違い」でしたが、それでも持ち前の図々しさを発揮して、超一流の歌手、太田さん（仮名）に声をかけさせていただきました。

私が「太田さんのように、透明感あふれる美声を出すには、どうしたらいいですか」と質問をすると、太田さんは、「キレイな声を出そうと思わなくていいから、大きな声を何度も何度も出してみることです」と教えてくださいました。

何度も何度も、大きな声を出していると、しだいに「質の高い声の出し方」が身についてくる、というのです。

そして、太田さんがもうひとつ教えてくださったのが「期限を決めること」でした。「本番の日（声を披露する日）を決めたほうが、集中して練習に取り組める」からです。

このとき、私の隣には、ある声優さんがいて、私と一緒に太田さんの話をうかがっていたのですが、その後、その声優さんは、太田さんに教えられたとおり「期限と量」を優先したトレーニングを積み、「アニメの主役」を務めるほどの成功を収めました。

美容技術を磨くときも、優先順位は、「①期限」「②量」「③質」の順番です。

私の美容室では、もちろんパーマの施術も行っていますが、パーマの練習をするときは、タイマーを用意して、「20分以内（期限）」で、「60本（量）」を「どのくらいの『質』

できるか」を意識しながら練習をしています。「一定時間内に、どれだけできるか」を意識することが上達の秘訣なのです。

●「完璧主義」ではなく「最善主義」で仕事をする

「ＥＡＲＴＨ《アース》」の店長は、毎月25日までに「目標レポート」を提出するのが決まりです。

私は、毎月、店舗（全２４０店舗の中の70店舗）のレポートに目を通していますが、「レポートの提出日」と「目標の達成率」には、相関関係があることがわかりました。

目標レポートの提出期限は毎月25日ですが、A店長は、毎月10日に提出、B店長は、毎月期限ギリギリ（24日～25日）に提出、C店長は、毎月期限を過ぎて提出していたとします。すると、例外なく、次のような結果になります。

●期限に余裕を持って提出したA店長は、目標も余裕を持って達成

・期限ギリギリのB店長は、目標もギリギリ、もしくは下振れ

・期限に遅れて提出したC店長は、目標に未達

「決められた時間」に合わせようとすると、時間に追われ、慌てます。時間に追われた瞬間に、ベストなパフォーマンスは発揮されません。けれど、A店長のように、会社で決められた期限の「数日前」に期限を設定しておくと、時間を計画的に使いこなすことができます。

また、A店長のように、期限に余裕を持たせている店長は、おおむね用心深いです。予期せぬトラブルがあっても対処できるよう、そのための時間も考慮しています。その結果、トラブルがあっても、安定的に仕事の成果を上げることができるわけです。

完璧主義の人ほど、「質」を追い求めている傾向があります。そして、質を求めるあまりに行動が止まってしまう人が、どれほど多いことか…。「完璧主義」ではなく「最善主義（限られた時間で最大の結果を出す考え方）」で仕事をしたほうが、結果的に「質」を上げることにもつながるのです。

仕事の優先順位は、「①期限」「②量」「③質」であり、逆から（質から）入ってしまうと、なかなか成長できません。「期限」を決めて、圧倒的な「量」をこなすからこそ、やがてそれが「質」に転化します。**「期限付きの量」こそが、究極の「質」を生むのです。**

【習慣12】

最後に「負けておくこと」ができる人が、年収1億円になる

「リーダー」の能力や資質に対して、「一流」「二流」「三流」とランク分けすることがあります。かつて私は、「一流」が最上位だと思っていましたが、「ある人」と出会ったことで、「一流のさらに上」があることを学びました。一流の上にあるのは、「達人」の領域です。

- 【三流】部下から馬鹿にされるリーダー
- 【二流】部下から恐れられるリーダー
- 【一流】部下から信頼されるリーダー
- **【達人】部下に存在すら感じさせないリーダー（空気のような域に達したリーダー）**

ある人とは、ソニー生命保険（株）の安藤《あんどう》国威《くにたけ》名誉会長です。安藤名誉会長は、ソニー株式会社の社長も歴任したほどの「スーパーVIP」です。

ところが、安藤名誉会長は、拍子抜けするくらい、「オーラ」を感じさせません。

ある会食の席で安藤名誉会長とお会いしたのですが、じつをいうと、会食が終わるまで、安藤名誉会長だとは気がつかずに、あとで、非常にびっくりしました。

存在感が薄い、というより、気配の消し方や身の引き方がうまいのだと思います。だから、まわりの人を萎縮させることがありません。

ソニー生命の幹部の方からうかがったのですが、安藤名誉会長は、最後は「自分が引く」ことを心がけているのだそうです。意見を戦わせるときも、決して相手を論破しようとはしません。部下を打ち負かすリーダーのもとでは、人は育たないからです。**最後に必ず「自分が身を引く」ことで、相手の意見を受け止めているのです。**

トップが「負ける」ことができる組織は、風通しの良い組織です。ゴリ押しをせず、引くときは引く。「最後に負ける（相手に勝たせる）度量がある」からこそ、安藤会長は社員から信頼されているのだと思います。

●「リーダーはクルマ」、「社員は歩行者」

年収6000万円の内田社長(仮名)も、「負けることができるリーダー」です。

内田社長のオフィスを訪ねたとき、私は意外な光景に出くわしました。社長が、年配の女性社員に「叱られていた」のです。

「社長! 経費を使いすぎですよ! なんですか、この銀座のクラブの領収書は!」

内田社長が銀座のクラブを利用したのは、決して遊びではありません。仕事のため、取引先をもてなすためです。けれど、内田社長は言い訳めいたことは一切言わず、「いやぁ、すみません」と頭を下げたのです。

私が「どうして言い返さないのですか?」と尋ねると、内田社長は「山下さん、リーダーは、最後は、負けておいたほうがいいんですよ」と教えてくださいました。

「山下さん、私は『リーダーはクルマ』で、『社員は歩行者』だと思っているのです。歩行者が『赤信号』で横断しているからといって、轢《ひ》いていいわけではありません。**たとえ歩行者が赤信号を無視していたとしても、力のあるクルマのほうが止まるのが正しい。**

そうすれば、事故が起きることはありません。どんな状況でも、事故が起きたら、10%、力が強い側の責任になるのですから」

安藤名誉会長や内田社長に、私が「オーラ」を感じなかった（空気のような感じを受けた）のは、彼らが「身を引く」ことを、完全にマスターしていた達人だったからです。

達人は、「個人の勝ち負け」にこだわりません。こだわっているのは、「会社として強いチームをつくること」です。そのためには、ときに部下に花を持たせ、リーダーが負ける必要があります。

リーダーは、「自分はクルマである」ことを常に意識する。意見がぶつかりそうになったら、自分がブレーキをかけて衝突を回避する。そうすれば、無意味な敵をつくらずにすむでしょう。**「金持ちケンカせず」ということわざがありますが、達人クラスのリーダーは、「達人ケンカせず」なのです。**つまり「年収1億円ケンカせず」ということです。

周囲から反感を買って無意味に敵をつくっているようでは、圧倒的な成果を生み出すリーダーになることは到底できないのです。

【習慣13】

「自分でやる人」ではなく、「人に任せる人」が、年収1億円に近づく

美容師になって、間もないころ、当時の私は、「年収アップの近道は、どんどんウデを磨いて、優秀なカリスマ美容師になることだ！」と信じていました。

早朝から練習をして、すべての時間を仕事に捧げて、技術を高め、指名を取って…。そうやった結果、26歳になると、私の年収は「1000万円」に達していました。

「この調子で、2000万円、3000万円と、どんどん年収を上げていこう！」と息巻いたものの、その後は、頭打ちになります。「店長」に抜擢されてからも、どんなにがむしゃらに仕事をしても、年収1200万円を超えることができなかったのです。

そのころ、ある会食の席で、専門学校（主要都市に全国展開）の理事長を務める方と、お話をさせていただきました。

私が「理事長のように能力の高い人になるには、どうすればいいですか？」と質問をすると、意外な答えが返ってきました。「能力はいらない」と言うのです。

「自分に能力がないのなら、能力がある人に支えてもらえばいいのです。私の学校には、漫画コース、声優コース、ダンスコースなどがあります。私に、その全部を教える能力は、当然、ありません。それでも学校経営がうまくいっているのは、優秀な講師に支えてもらっているからです。**年収1億円を目指すなら、人に『動いてもらう側』になること。『自分が動く側』にいてはダメですよ**。自分が専門家になる必要はありません。専門家に動いてもらえばいいのです」

とおっしゃったのです。

当時の私は、店長でありながらも、「自分の能力を伸ばすこと」を最優先していて、まわりの能力を生かすことにまで目が向いていませんでした。

スタッフや、先輩や、社長から、「山下は、誰よりも、よく頑張っている」と、自分を認めてもらうことしか頭になかったのです。

自分ひとりの能力では、どんなに頑張っても、年収1000万円程度が限界です。そのことに気がついた私は、「プレーヤー」から「プロデューサー」に立ち位置を変えることにしました。自分の能力を伸ばすこと以上に、まわりにいる人の能力を伸ばして、任せる。そして、「自分が認めてもらいたい」から「人を認めてあげよう」に、発想を180度、切り替えたのです。

●相手の長所を認めてあげると、優秀な人に囲まれる

優秀な人に囲まれるには、「認める能力」が不可欠です。相手の優秀な部分を見つけ出し、きちんと認める。「認める能力」がなければ、相手は動いてくれません。

当時、私の店舗にいたアシスタントの富田《とみた》洸太《こうた》は、「物販（商品の販売）」の成績が良く、他のアシスタントよりも、10倍以上の売上がありました。けれど、勤務態度に難があって、「遅刻」の常習犯だったのです。しかも、毎日、スケボーで出勤していました。

ある朝、朝礼の場で、「今日で、36日連続で遅刻の富田には、辞めてもらうしかないのでは？」という声が上がったことがあります。けれど私は、「たしかに富田は、謎の遅刻で店にいない（笑）。けれども、物販だけで、月に20万円も売上を上げている。この数字

は、アシスタントでは全店1位の成績で、ものすごいことだ！　みんなも彼の物販の技術を見習ってほしい！」と、彼を認める発言を、全員の前でしたのです。

するると、富田は、その瞬間から「180度」変わりました！　さらに頑張って物販に力を入れるようになり、その上、「遅刻」も、翌日から、まったくしなくなったのです。

「頑張れていないことを責めるより、頑張っている部分をほめる」ほうが、相手は仕事の手が抜けなくなります。**富田は、その後、「中卒で20代で年収5000万円を超えた伝説の美容師」となります**。富田は現在、34歳で、19店舗を経営するFC《フランチャイズ》オーナーとして大活躍！「フェラーリ458スパイダー」「アストンマーティン」「ベンツ・ゲレンデヴァーゲン」と3台以上のクルマを所有。2億円するプール付きの大豪邸に住んでいます。

「人に任せる」ことを学んだ私は、自分の能力を過信することをやめました。その後「年収1000万円」の壁を破って、「年収1億円」を達成することができたのは、「相手を認め、相手に任せたから」なのです。**優秀な人が成功するのではありません。「優秀な人に支えられた人こそが、成功する」のです**。

【習慣14】

超一流は「2ランク上」の視点を持って仕事をする

「2ランク上の人」とご一緒させていただく中で、「成功する人は、『並ランク』の私とは違う視点で物事を考えている」ことがよくわかりました。

ランクが上がるほど、さまざまな角度から物事を推察していたのです。

- 【並ランクの人】ひとつの気づきから、ひとつのことしかできない
- 【1ランク上の人】ひとつの気づきから、2つのことができる
- 【2ランク上の人】ひとつの気づきから、3つ以上のことができる

たとえば、上司と一緒に現場の点検（掃除、身だしなみ、接遇など）をするとき、「メ

モ」を取りながらチェックするだけの人は、「並ランクの人」です。

「1ランク上の人」は、「メモ」を取るだけでなく、「カメラ」を使って記録します。「2ランク上の人」の人は、「メモ」と「カメラ」を使って記録した内容を、「他の店舗」にも情報共有し、応用します。

ランクが上がるほど、多面的、多角的、複合的に物事を捉えて展開していくので、大きな成果を生み出すことができるわけです。

「2ランク上の仕事をする」とは、「自分が責任を取れる限界まで、リスクを取る」と言い換えることができます。

「並ランク」の自分が「2ランク上の仕事」をすれば、それだけリスクを背負うことになります。背伸びをする分、失敗も多くなります。

背伸びをしたからといって、報酬が上がるわけではないので、多くの人が、「給料の分だけ仕事をすればいい」「言われたことだけを、やればいい」と考えがちです。けれど、リスクを取ると、給与とは「別の報酬」がもらえるようになる。

これは、「2ランク上にいる人たちからの最も大切なアドバイス」です。

それが、たとえ「雑用」でも手を抜かない。たとえば、先輩から「23ミリのパーマロッドを持ってきて」と頼まれたら、「ロッド」だけでなく、ロッドを巻くのに必要な輪ゴムやペーパーも一緒に持っていく。

お客様が来店されて、温かい飲み物をお出しするときに、お客様がセキをしていたら「のどアメ」をお出しする。このように、雑用にも付加価値をつけるのが「2ランク上」の仕事です。

2ランク上にいる人たちは、「好奇心と向上心を持ち、自分の頭で考え、言われたこと以上のことを、自己責任で行動する人」を応援してくれます。私自身、「2ランク上」の視点で仕事をするようになってから、いただけるアドバイスの量が圧倒的に増えたと思います。その応援やアドバイスこそが、「給与とは別の報酬」の種となるのです。

●自分の力を超えたければ、「2ランク上」の眼を持つ

私は、2016年の新春に、ベッド用のマットレスを買い換えました。18歳のときに「1万円」で購入したマットレスを、22年間使い続けていたのですが、さすがに寝心地が

悪くなっていたのです。

某家具店の新聞折込チラシの中に「1万9800円」のマットレスを見つけた私は、さっそく、買いに行くことにしました。部屋着のまま財布だけ持ってお店に向かうと、高瀬（仮名）というネームプレートをつけた店員さんが話しかけてきました。

私は、買い物に時間をかけるタイプではないですし、売り込まれるのもイヤなので、「1万9800円」のマットレスを、さっさと買って、早く店を出たかったのですが、高瀬さんは、「2ランク上」の眼を持って私の言動、判断力、顔つきを見極め、そして、「このお客様（私）は、アスリートのように仕事に対してストイックであり、仕事のための投資は惜しまない」ことを見抜いたのだと思います。

次のような言葉で、私の心をくすぐってきたのです。

「こちらの広告のお品の前に、一度、こちらのマットレスもお試しになってみませんか？このマットレスはアスリート仕様で、世界中のトップアスリートが遠征先にまで持ち込んでいるそうです。ただし、お値段は20万円いたしますが」

私は、自称「ビジネス・アスリート」ですから、「アスリート仕様」という言葉に興味を引きつけられました。けれど私にも、44～47ページで解説したように、電卓で養った「ものを見る目」があります。「買えない値段ではないが、このマットレス1枚に20万円を払う価値はないのでは？」と判断し、「すごく、高いですね」と返事をしました。

おそらくこのとき、高瀬さんは「このお客様は、お金がないから高いと言ったのではなく、『価格に見合っていない』と判断したのだろう。価値あるものには、惜しみなくお金を出すはずだ」と考えたはずです。あろうことか、高瀬さんは、「20万円は高い」と言った私に、さらに高いマットレスを紹介してきたのです。

「では、こちらは、いかがでしょうか？　このマットレスは、超一流ホテルのスイートルームでも使われているマットレスです。どうぞお試しください。横になっていただければ、一瞬で違いがわかります。きっと、雲の上に乗っているように感じるはずです。なにしろこのマットレスは、『世界最高峰』のマットレスです。このマットレスをお使いいただければ、世界最高のコンディションで仕事をしていただけると思います」

「世界最高峰」という言葉の響きに心が揺さぶられた上に、高瀬さんの次の言葉が決定打になりました。

「このマットレスは少なくとも20年はお使いいただけます。１日に換算すると、いくらだと思われますか？　１日わずか２７４円です。つまり、１枚、２００万円になります」

「１日２７４円」という数字を聞いたとき、私は、「１枚で２００万円」するこのマットレスの購入を決めたのです。「２００円」ではありません、「２００万円」です。

しかも、「３枚」まとめて（そのうち2枚は両親へのプレゼント）。

高瀬さんは、「１万９８００円」のセール品を購入しにきた私に、「６００万円」を売り上げることに成功したわけです。

それができたのは、高瀬さんが「2ランク上の視点」で仕事をしていたからです。高瀬さんは、相手（私）の様子をつぶさに観察し、いくつもの情報を察知する「高い感性」を持っていたのです。

たとえ、自分のランクが低くても、「2ランク上」になったつもりで思考をし、言われたこと以上の仕事を、自己責任ですると、次第に、自分の力を大きく超えた実績を手にすることができるようになるはずなのです。

【習慣15】

相手の「良い点」と「悪い点」を「同じ数」だけ言えると、人間関係はうまくいく

私が駆け出しの店長だったころは、スタッフの「欠点、弱点、問題点」ばかりが目につき、人を「ほめる」ことを知りませんでした。当時は、「できないことを克服するのが改善」だと考えていたからです。

スタッフに悪い点があれば、指摘する。そうすれば、お店はもっと良くなる。そう思って指導してきたのですが、思惑は見事に外れました。**「○○がない」、「○○が足りない」、「○○ができない」と容赦なく叱責する私に嫌気が差し、多くの後輩が、私から離れていったのです。**

「山下さんは、人を非難するばかりで、僕たちがどれほど頑張っても、評価してくれま

せん。どんな人にも良いところがひとつはあるのだから、少しくらいほめてくれてもいいのではありませんか？　あなたの下にいると、卑屈になってしまいます」と言い残して、店舗を去った社員もいました。「良かれ」と思ってやっていたので、正直、愕然《がくぜん》としました…。

「悪いところばかり見ようとすると、人が辞める」ことに気がついた私は、考えをあらためました。「欠点はそのままでもいいから、良い点だけを見る」ようにして、積極的に人をほめることにしたのです。

すると、今度はどうなったかというと……同じように人が辞めていったのです。再び、愕然としました…。ある社員は、辞表を提出しながら、私にこう言いました。

「山下さんは、いったい、いつから八方美人になったのですか？　誰にでも同じようにほめるから、本心が伝わってこないのです。だから、山下さんにほめられても、事務的に感じます…」

悪いところを指摘すると、人が辞める。良いところをほめても、人が辞める。「EARTH《アース》銀座店」は、こっぱみじんに、空中分解寸前でした。

●相手の長所と短所を「同じ数」だけ書き出すと、相手の真の姿が見える

社員からの求心力を失っていた私に、手を差し伸べてくださった方がいます。外食産業の世界で「接客の神様」と呼ばれた、現、(株)HUGE社長の新《しん》川《かわ》義《よし》弘《ひろ》さんです。

新川さんは、かつてグローバルダイニング(外食企業)の要職を務めていた人物で、ジョージ・W・ブッシュ元米大統領と小泉純一郎元首相の「会食の接客」を担当したことでも知られています(現在は、さまざまなブランドのレストランを経営されています)。

離職を止められない私に、新川さんは、

「10歳離れたら外国人、20歳離れたら宇宙人だと思って接したほうがいいですよ。相手の気持ちを理解したいなら、社員の長所と、短所を、同じ数だけノートに書き出してみてはいかがですか?」

と教えてくださいました。悪い点だけを見るのも、良い点だけを見るのも、相手を「半分」しか理解したことにならないからとのことです。

「人の振り見て我が振り直せ」ということわざは、「人の行動を見て、良いところは見習

い、悪いところは自分に置き換えてあらためる」という意味です。

ですが、かつての私は、「良いところを見習う」という意識が希薄で、相手の欠点にだけ目を向けていました。長所も短所も両方見ていれば、その人から「2倍」学べるのに、「相手の良いところ」を見ようとしていなかったのです。

ノートに、社員の「長所と短所」を同じ数だけ書き出したところ、**「なるほど、どんな人間にも、長所も短所も、実は半分ずつあるのだ」**と思えるようになり、感情的になって叱ることも、あるいは、漫然とほめることもなくなり、後輩との人間関係が劇的に良くなりました。

また、人物像が立体的に見えはじめてきて、社員のコンピテンシー（能力・適性のこと）を正確に把握できるようになった気がします。つまり「この社員に、この仕事を与えると、どのような結果が出るか」がわかるようになったのです。

たとえば、中谷《なかたに》仁彦《まさひこ》は、かつて、サボリの常習犯でした。「チラシを配ってきます」と言って店を出ていった後を、探偵のように私が尾行すると、いつもパチンコばかりしていたのです。

ルールを守らない彼に、私は手を焼いていました。なぜ私が中谷のことを問題視しているのか、中谷の長所と短所をノートに書き出してみると、理由がはっきりしました。

彼が、「私に持っていないもの（性格や能力）」を持っていたからです。

几帳面で、何事にも完璧を求め、ルールは必ず守る私にとって、ルールを無視して、おおらかに振る舞う彼の気質は、受け入れ難いものでした。**私は、「自分の長所が正しい」と思うあまり、「彼の長所の正しさ」を理解できなかったのです。**

そのことに気がついた私は、あえて彼を「チラシ配りのリーダー」に抜擢しました。ほかにもサボっている社員がいたので「毒をもって毒を制す」ことにしたのです。

ルールを守る人に、ルールを守らない人を管理させるより、ルールを守らない人に、ルールを守らない人を管理させたほうが「サボリ防止」ができると思ったのです。

「蛇《じゃ》の道は蛇《へび》」です。中谷は、まさに適任でした！

中谷は、いつ、どこで、どのタイミングで社員がサボるのかを、恐ろしいほど、熟知していました。「かつての自分の行動」を振り返ればいいだけだからです。

「リーダー役」を与えられたことを得意に感じた中谷は、やがて頭角をあらわします。

「絶対にサボれない、鬼のしくみ」を構築し、チラシの配布枚数を増やすことで、1ヶ月あたりの客数を5倍に増やすことに成功したのです。現在、中谷は、17店舗を経営するＦＣ《フランチャイズ》オーナーへと成長し、年収は４０００万円を超え、「フェラーリ４５８イタリア」に乗り、後輩たちからの厚い信用を得る、誰もが目標とするリーダーになっています。


人間関係でつまずいたり、周囲の協力が得られないときは、「相手の長所と短所を同じ数だけ、ノートに書き出す」ことをしてみてください（できるだけ多く書き出す）。


すると、相手に対する偏見がなくなり、公平に評価できるようになります。

「なぜ、自分が相手に苦手意識を持っているのか」「自分と相手の違いはどこにあるのか」「どの仕事を任せれば力を発揮するか」といったことがわかるようになるので、人間関係を良くするヒントが見えてきます。

「自分の長所と合わないから」と、人を選んではいけません。「自分にない能力を持っている人」と一緒に仕事をしないかぎり、「年収1億円」は達成できないからです。

【習慣16】

「3人1組」のチームが、もっとも力を発揮する

私が「FC《フランチャイズ》オーナー」になったのは、2002年、26歳のときです。現在、私が起点となってフランチャイズ展開しているのは「70店舗」ですから、平均すると「1年間で約5店舗」のハイペースで、新店をオープンしてきたことになります。

とはいえ、FCオーナーになった当初は、「多店舗展開」には、非常に消極的でした。「店舗数が増えると、それだけ経営リスクも増える。1店が2店になったら、2倍大変になる。10店になったら、10倍大変になる」と不安に思っていたからです。

ですが、今の私は「真逆」です。**「お店が増えるほど、リスクが減る。お店が増えるほど、経営は安定する」と考えています。**なぜそう考えるようになったのでしょうか。多店舗展開のメリットは、大きく「3つ」あります。

●チームづくりは、「面」で考える

【1】スタッフの数が増えるほど、戦力が落ちにくい

仮に私が1店舗しか持っていなかったとします。そのお店にスタッフが4名いたとすると、ひとり辞めた瞬間に、いっきに「25％」も戦力ダウンします。これは、痛い！ですが、お店を「10店舗」持っていて、スタッフを「40人」抱えていれば、ひとり辞めたとしても、全体の「2・5％」しか戦力は落ちません。小幅のマイナスで済めば、残りのスタッフで補うことができます。

また、1店舗だと致命傷を負いやすく、「閉店」→「即、倒産」になりかねません。10店舗あれば、たとえ採算が取れない店舗を閉めたとしても、残りの店舗で安全飛行を続けることができます。

【2】オーナーとスタッフの「甘えの構造」を払拭できる

スタッフの数が少ないと、あまり強く指導することができません。辞められてしまっては困るからです。「オーナーの私がこんなことを言ったら、スタッフは辞めてしまうの

ではないか？」と気をつかってしまい、言いたいことが言えなくなるのです。

これでは、「オーナーの方針」を根付かせることはできません。社員にも「自分が辞めたらオーナーの方が困る」と勘違いさせてしまうので、思い上がる場合があるのです。

【3】スタッフ同士の競争関係が生まれる

1店舗が「点」だとすると、「2店舗」は「線」、「3店舗」以上でようやく「面」になります。店舗運営は「面」になってはじめて安定します。ですから、地方都市に「初出店」する場合は、間を空けずに、いっきに「3店舗」出店するようにしています。

1店舗（点）では、オーナーの私と店長が「1対1」の関係になり、【2】で説明した「甘えの構造」に陥りやすくなります。オーナーは強く言えず、店長は「どうせ、自分以外にやる人がいないのだから、オーナーも強くは言えないはず」と考え、足下を見てきます。お互いが言いたいことを言える環境をつくらないと、甘え合うだけです。

では、2店舗（線）はどうかというと、今度は、店長同士の対立が生まれやすい。競争関係がプラスに働き「お互いを高め合う」方向に向けばいいのですが、たいていは、足を引っ張り合うようになります。

2店舗だと、「私も頑張るから、あなたも頑張って」と応援し合う関係になることは少なく、むしろ、「あなたが頑張ると私も頑張らないといけないから、あなたも頑張らないで」と後ろ向きの意見を共有することになります。

一方で、3店舗（面）になると、3人の店長が「成長し合える関係」を築くようになります。A店長とB店長の意見が割れても、C店長が間に入ることで意見がまとまりやすくなりますし、「三人寄れば文《もん》殊《じゅ》の知恵」のことわざのとおり、3人集まれば、問題解決の糸口が見つかりやすくなるのです。そして「健全な競争関係」も生まれるのです。

イリノイ大学アーバナ・シャンペーン校の心理学研究者は、**「共同作業を行うに当たって最適な人数は3人」とする論文**（※9）を発表したそうですが、私も同意見です。

店舗運営も、職場におけるチームづくりも、「3人（3店舗）以上」の「面」構成がもっとも効率的だと、私も、強く実感しています。

椅子と同じで、脚が2本では安定しません。安定するのは「脚が3本」からなのです。

仮に部下が30人いるのなら、「3人ずつ、10組」に分けて考える。そうすると、強いチームがつくれるようになるのです。

【習慣17】「10年計画」を「数字」にして紙に書き、そのとおりにシンプルに行動する

私が「EARTH《アース》」に入社したばかりのころ、社長の國分《こくぶん》の年収は、すでに「1億円」を超えて、業界トップクラスでした。私が國分に、「どうすれば年収1億円を稼げるようになりますか？」と質問をすると、國分は、「3つ」のアドバイスをくれました。

ひとつ目は、「朝いちばんに出社すること」（62ページ参照）。

2つ目は、「最低でも3年間、できれば10年間、休みなく仕事をすること」（16ページ参照）。

そして3つ目が、「10年計画を立てること」です。

「いつか、お金持ちになりたい」と、「フワッ」と思っているかぎり、目標を達成することは難しいでしょう。

現実的に、目標を成し遂げるには、「いつ、どこで、何をすればいいか?」を、今すぐ、決めてしまうことです。

「今日、今、ここで決めて、紙に書いてしまうこと」をすれば、もう、ブレませんし、紙に書いてしまえば、自分が消さない限り消えません。

ですから、「いつか」ではなく「10年後」と決めてしまう。「お金持ち」ではなく「年収1億円」と決めてしまう(少なくとも、本書を手に取った人であれば)。「10年後の目標なんて立てられない」と難しく考えずに、まずは、「10年後に年収1億円になる」と決意する。そして、「では、その目的を実現するためには、いつ、どこで、何をすればいいのか」を逆算して考えて、「紙に書く」必要があるのです。

●「10年計画」をつくると、協力者が増える

117ページでご紹介しているのは、私が24歳のとき(EARTH銀座店の店長になったとき)につくった「10年計画」です。

まず、「10年後の理想の自分(なりたい自分)」と「現在地(今の自分の状況)」を書き

込み、それから、1年ごとの目標を「段階的」に埋めていきます。

目標を書くときは、「数字化」することが大切です。年齢、年収、売上、利益、スタッフ数、店舗数、輩出する経営者の数、などの目標を、必ず「数字で」書き込みます。

数字化して、紙に書けば、夢が具体的になります。自分で決めた数字であれば、ノルマや義務感にとらわれることもありません。数字に追われる人生から、「夢の実現のために自ら数字を追いかける人生」にシフトしていけるでしょう。

また、「10年計画」は、協力者を増やすしくみでもあります。

「10年計画」は、常に、手帳の1ページ目に貼って持ち歩きますから、自然と、いろいろな人に「10年計画」を見せるようになります。

すると、「こういう勉強をしたほうがいいよ」「この目標を達成したいなら、これくらいの売上を上げないとダメだよ」「そのためには店舗数はこれくらい必要だよ」「店舗数を増やしたいなら、銀行からいくら融資を受けないとダメだよ」と、経営の大先輩から、実践的なアドバイスをいただけるようになりました。また、部下にしてみても「上司の何を手伝ったらいいのか」が明確になるので、部下からの協力を得やすくなるのです。

「10年計画」の表

西暦	年齢	年収	売上	利益	スタッフ数	店舗数	経営者(輩出数)
2000年	24歳	600万円	7500万円	600万円	13名	1店舗	★
2001年	25歳	800万円	1億円	800万円	17名	1店舗	★
2002年	26歳	1000万円	2億円	1000万円	34名	2店舗	★
2003年	27歳	1500万円	3億円	1500万円	50名	3店舗	★
2004年	28歳	2500万円	5億円	2500万円	84名	5店舗	★
2005年	29歳	3500万円	7億円	3500万円	117名	7店舗	1名
2006年	30歳	5000万円	10億円	5000万円	167名	10店舗	2名
2007年	31歳	6500万円	13億円	6500万円	217名	13店舗	3名
2008年	32歳	7500万円	15億円	7500万円	250名	15店舗	5名
2009年	33歳	1億円	20億円	1億円	334名	20店舗	7名

●紙に書いた「10年計画」があればブレることがない

私は「10年計画」を「手帳」「トイレ」「ロッカー」「パソコンのデスクトップ」など、いたるところに貼り付けて、毎日、「朝」と「晩」の2回、必ず見るようにしています。

すると、「毎日、目標を再確認すること」ができます。

「2028年までに、この計画を実行しなければいけない」と、毎日、再確認できれば、「自分の進むべき方向」がブレません。すると、寝ている間すらも、脳が勝手に仕事をしてくれるようになって、突然、ビジネスアイデアを思いつくこともあります。

「10年計画」を見れば、計画が書いてあるのですから、今、計画より進んでいるのか、遅れているのかが、今の地点から一目瞭然になります。

たとえば、「2020年までに、あと5店舗つくらないと、計画から遅れてしまう」としたら「いつ、何をしたら店舗数を増やすことができるのか?」を具体的に考えて対策を講じることができるようになるわけです。

これが、「紙に書いた計画」がなく、頭の中だけで目標を立てると「フワッ」としてしまい、具体的な対策を講じる意識が働かず、ずるずると、時間だけが過ぎていきます。

「紙に書いた計画」があれば、「余計な迷い」をはさむ余地はありません。**遅れていれば取り戻すべく努力する。進んでいれば、もっと早めるか、キープするだけです。**

これが「極《ごく》シンプル」にするための、「鬼のルール」なのです。

実際に私は、計画より早いペースで目標をクリアして、31歳のときに「年収1億円」を達成することができました。


私たちは、時間の中に生きています。目的地が決まっていなくても、人生は刻々と進んでいってしまいます。「光陰《こういん》矢《や》の如《ごと》し」です。「こうしたいなぁ」と思っていても、10年ぐらいは、まさに「アッという間」に過ぎ去ってしまうのです。

そうならないためには、「目的地」を明確に決めて、到着までの計画を「数字」で考えて、「紙に書く」ことをし、それに沿って、極シンプルに進めるのです。

「それで、本当に年収1億円になるのですか?」と思う方がいるかもしれませんが、これこそが、「年収1億円」になるための、最短ルートの方法なのです。

第3章 生活の習慣

Living

【習慣18】

「年収1億円」以上の人は、タバコを吸わない

私はかつて、「ヘビースモーカー」でした。20代前半のころ、1日2箱以上（40本以上）は、カッコつけるために、ひたすらタバコを吸っていました。

私が美容師になったのは1995年ですが、当時の美容業界は喫煙率が高く、「約8割」が喫煙者でした。「タバコもファッションのひとつ」という風潮が残っていたので、私も、「タバコを吸っていたほうが、人間としてカッコイイ！」と思っていたわけです。

ですが今は、まったく吸っていません。

タバコをやめて、私はあらためて「喫煙をするとムダばかり増えて、得るものがまったくない（禁煙をすると、ムダがなくなる）」ことに気がつきました。

●タバコを吸うと「4つ」のムダが増え続ける

・タバコのムダ① 「健康」をムダにする

私の知る「高所得者」のほとんどは、「健康こそが最高の財産である」と考えています。ですので、タバコも吸わない方がほとんどです。タバコを吸うと、肺がん、心筋梗塞など、さまざまな疾病のリスクが高くなるからです。

健康を損なって入院することにでもなれば、ビジネスチャンスを逃してしまい、大きな損失を被ることになります。

照明器具の会社を経営する大川社長（仮名）は、「葉巻なら、タバコよりも害が少ない」と考え葉巻に変えましたが、それが裏目に出て、会社の業績が悪化してしまいました。葉巻は吸うのに時間がかかるので（35分～45分程度）、時間ドロボウなのです。葉巻の世界にはまった大川社長は、生産性を落としてしまったのです（葉巻をやめたとたん、業績が回復したそうです）。

・タバコのムダ② 「お金」をムダにする

私がタバコを吸っていた当時、セブンスターは「1箱250円」でした。

私は1日2箱吸っていましたから、タバコ代に「1日500円」使っていたことになります。仮にタバコが値上がりをせず、「250円のまま」だったとしても、50年間吸い続けると、「500円×365日×50年間」＝「912万5000円」。「900万円以上」のお金を支払うことになります。

現在（2018年）、セブンスターは「1箱460円」ですから、仮に今日から「1日2箱を50年間」吸い続けると（値上がりをしないと仮定）、「920円×365日×50年間」＝「1679万円」も出費することになるのです！　ありえない話です。

・タバコのムダ③　「時間」をムダにする

タバコを吸いながら休憩する時間が、仮に「1本＝10分間」だとします。1日20本吸うとしたら、200分（＝3時間20分）も、タバコだけを吸い続ける生産性のない時間を過ごすことになります。

私もかつては「仕事の効率を上げる気分転換」と言い訳をして、タバコ休憩をしていましたが、私がタバコを吸っている間に、「タバコを吸わない人」が店内の掃除をしていることに気がつきました。つまり、喫煙者の私は、非喫煙者の時間も奪っていたのです。

・タバコのムダ④「人間関係」をムダにする

厚生労働省が2014年に実施した「国民健康・栄養調査」によると、成人の喫煙率は19・6％で、「所得が低い人ほど喫煙率が高い」という結果が出ています（男女ともに、年収200万円未満と、年収200万円〜600万円の世帯での喫煙率が高い）。

私見ですが、「所得が高い人ほど喫煙率が低い」のは、「高所得者は、『生産性のないこと』『健康に悪いこと』に時間とお金を使うことを嫌うから」ではないでしょうか。

高所得者は、喫煙者と疎遠になる傾向があります。「喫煙者とは仕事をしない」という経営者や、星野リゾート（ホテル、旅館）のように「喫煙者は採用しない」と言い切る企業もあります。

「タバコが好きな人」は「タバコが嫌いな人」との人間関係をつくりにくくなります。**成功者を味方につけるには、「生産性の低いこと&健康に悪いこと」＝「タバコ」をやめたほうがいいのです。**喫煙を続けているかぎり、成功者（非喫煙の高所得者）の協力を得ることは難しいでしょう。

【習慣19】

食事は「有名店よりも名店」、「あの人」がいるお店を選ぶ

接待や会食のときのお店選びには、相手に対する「おもてなし」の姿勢があらわれます。では、どんなお店を選んだらいいのでしょうか？

一流の人とお食事をするときは、「有名店」よりも「名店」にお連れすると喜ばれます。**名店とは「安いのに、すごく、おいしいお店」「意外性のあるお店」「また会いたくなるあの人（店主・店員）がいるお店」のことです**。穴場感や意外性のある名店は、人を誘いやすくし、そして、相手との距離を縮めていくことができます。

東京の都心に、「カレーうどん」が、とてつもなく激ウマの「炭火焼」のお店がありま す。「炭火焼の店なのに、カレーうどんが激ウマの店」というギャップに、多くの人が興

味を示します。ある超一流の経営者は、「よほどのことがないかぎり、人と会食はしない」「仕事が趣味で、仕事以外のことに時間を費やさない」ことで知られていましたが、私がこのお店の話をすると、「そんなお店があるんですね、おもしろい！」と言って、ご一緒してくださいました。

そのお店のギャップが、いつもなら絶対に連れ出すことができない超一流の経営者に興味を抱かせたのです。食事の間、私はこの方の時間を独占し、たくさんの学びをいただくことができました。

この炭火焼のお店には、30年以上、美容業界で活躍するカリスマ経営者、鈴木社長（仮名）をお連れしたこともあります。鈴木社長が講師を務める勉強会に参加した私は、勉強会の終了後、鈴木社長に声をかけました。「炭火焼の店なのに、カレーうどんが激ウマの店に、ご一緒させていただけませんか」。私と鈴木社長はこの日が初対面でしたが、「それはおもしろいですね！」と、快諾していただけました。

食事を終えたあと、鈴木社長は、同業のライバルである私に、「おいしいカレーうどんを紹介してくれたお礼に」と言って、鈴木社長が30年かけて磨き上げた社外秘の「店舗・接客マニュアル」を見せてくださいました。

●「あの人」がいる名店で食事をすると、お互いの親密さが増す

「名店（繁盛店）」と「有名店」の違いは、「人（店主、店員）」にあります。名店には「あの人」がいるのです。料理のおいしさはもとより「あの人に会いたい」から通うのが名店です。**私が部下に対して、「自分が、『あの人』と言われる人になれ」と指導をしているのは、「あの人がいるから行こう！」と思っていただくことが繁盛店をつくるための「はじめの一歩」だからです。**

石川県の金沢市の繁華街にあるお茶漬け店「志な野《しの》」は、知る人ぞ知る「名スポット」です。店員が「ヤッホー」しか喋りません。注文を受けるときも、「ヤッホー」だけで済ませてしまうので、お客さんからは「ヤッホー茶漬け」と呼ばれています。

あるとき、会食後の2軒目として、このお店に、某銀行の支店長をお連れしたことがありました。すると支店長は、私のことを「本質を見極めることができる人だ」と思ってくださったようです。数日後に、新規出店のための融資をいただくことができました。

もちろん、「財務体質」を評価してのことですが、「名店で、楽しく食事をともにした

こと」が、融資が決まった最後の一押しになったと、個人的に思っています。お茶漬けを食べながら、「銀行がどのような視点で融資先を決めているのか」といった当事者の考えをうかがうこともできて、その後の経営に大きく役立ちました。

都内某所にある「移り気ナオコ（仮名）」というおでん屋には、喜怒哀楽が、とてつもなく激しい移り気な女将がいます。お客様相手に急に怒り出したり、料理を途中で止めてしまったり（笑）。「美容商材メーカー」の田中社長（仮名）と食事をしたあと、私はこのお店のことを思い出し、帰ろうとしていた田中社長に、「もう一軒、行きませんか？女将が、突然、怒り出すおもしろいお店があるんです」とお誘いをしました。

田中社長は、この女将のことを、大変、気に入ったようでした。普段、社長という偉い役柄に就いているだけに、遠慮せずに、ズバズバ言ってくる人の方が、気持ちがいいからです。田中社長は後日、非常にいい契約をしてくださいました。このお店での楽しい時間が、決定打になったことは明らかです。「高くて、おいしいお店」は当たり前です。ガイドブックに掲載されているお店は、誰でも知っています。**それよりも、「名店」や「あの人がいるお店」にお連れしたほうが、圧倒的に、親密になりやすいのです。**

【習慣20】

落ち込んでいいのは、最長「3分」まで

私は、仕事でうまくいかないことがあっても、「落ち込む」ことはありません。

厳密に言えば落ち込むのですが、落ち込みや不安、悲しみなどのマイナスの感情が湧き起こっても、「最短1秒」で気持ちを切り替えることができます。

もちろん、最初から「1秒」で立ち直れたわけではありません。

昔は、自分のふがいなさや、職場での理不尽を消化できずに、四六時中、クヨクヨ、クヨクヨ悩んでいたこともあります。

ですが、「心配事は、いくら悩んだところで、1ミリも解決しない」ことに気がついてからは、悩んだり、迷ったり、落ち込んだりする時間を極力なくす努力をしています。心配事を解決する唯一の方法は、「行動すること」です。私は、落ち込みを防ぐ、鬼の「山

下ルール」をつくって、「落ち込むこと」より「解決すること」に時間をかけています。

【落ち込みを防ぐ山下ルール】

①落ち込む時間は、最長「3分」まで

人間には感情があるので、「落ち込み」を、完全になくすことはできません。怒りや悲しみのようなマイナスの感情が動くこともあります。ですが、「落ち込んでいる時間を短くすること」はできます。トラブルに見舞われたら、「3分間だけ落ち込む時間」をつくり、しっかり落ち込みます。なんなら、誰もいない倉庫で大声を上げてもいい。そして、3分間、十分に落ち込んで、「マイナスの感情」をすべて吐き出します。

②無理にでも「笑う」

3分間、めいっぱい落ち込んだら、今度は、無理にでも「声を出して、笑う」ようにしています。こちらは、逆に、人前でやってもかまいません。

イギリスのサセックス大学で行われた実験の結果、「笑う」ことで、自分自身の気分が上がることがわかっています。「口を尖らせてアニメ番組を見る」のと、「笑顔をつくってアニメ番組を見る」のでは、後者のほうがおもしろく感じるそうです（※10）。**また、『種の起源』の作者、ダーウィンは、表情に関する研究もしていて「笑顔とは気分が良いときの結果であるだけではなく微笑《ほほえ》むという行為自体が気持ちを上向きにさせる」と述べています**（※11）。

落ち込んでいるときこそ、笑ってみる。作り笑顔でもいいので、無理にでも笑うようにすると、立ち直りが早くなるのです。

あるアパレルメーカーのA社長は、「後継者」とまで目《もく》していた部下に、突然、裏切られました。部下が金銭授受の「不正」を働いていたのです。

A社長は心底落ち込みましたが、「落ち込んだのは、自分自身を過大評価していたからだ。あのイエス・キリストでさえ弟子のユダに裏切られたのだから、自分が裏切られるくらいのことはしょうがない」と気持ちを切り替え、そして「大声を出して笑った」そうです。すると、気持ちが晴れてきて、改善への意欲が湧いてきたそうです。

③「落ち込んだ原因」と「解決策」をノートに書き出す

落ち込んでいても事態は改善しないので、すぐに問題の解決に取り掛かります。

私の場合は、まず「落ち込んだ原因」と「解決策」をノートに書き出して、整理するようにしています。仮に「信頼している社員が辞めた」としたら、「どうして辞めたのか」「何がいけなかったのか」といった原因を洗い出し、その後、「では、どうすれば改善できるのか」を考えます。「解決策」が出たら、即座に実行します。これをスピーディーに行うためには、落ち込んでいる暇なんてないのです。

●人生には、落ち込んでいる暇などない

今の私だと、落ち込む時間は「2、3秒」あれば十分です。3分も必要ありません。瞬時に気持ちを切り替えて、残りの時間は、事態の収拾、解決、改善に使っています。

人生には、落ち込んでいる暇などありません。起こった問題を直視して、直ちに解決策を考え、実行に移すことしかできないのです。**丸1日落ち込んでも、3分間しか落ち込まなくても、どちらも「問題解決」したことにはなりません**。だとしたら、落ち込む時間は「極端に短く」して、すぐに解決に乗り出したほうが、全員にとっていいのです。

【習慣21】

毎日、体重計に乗るだけで、年収が上がりはじめる

北海道のニセコで開催された、「リーダー層向けの勉強会」に参加したときのことです。その勉強会には、80人（男性60人、女性20人）が参加していました。

夕食前に、男性60人が一斉に温泉に入ったのですが、温泉から出るとき、理事長（勉強会の主催者）が出口に立ちふさがって、「これから全員の体重をチェックするので、脱衣場にある体重計に乗ってから出るように」と指示したのです。

理事長は、ひとり一人に「目標体重は何キロ？　君の今の体重は何キロ？」と聞きながら、体重をチェックしていました。

「なぜ体重を計ったのか？」、その理由はあとになってわかりました。

「体脂肪率と資産は反比例する。太っているお金持ちもいるが、長い目でみれば、やがて間違いなく資産を失う」というのが理事長の持論でした。

理事長が、さらに「今の体重と、目標体重の2つ」を聞いたのは、参加者が「数字に強いか、弱いか」を見極めるためです。

「今の体重」を即答できる人は、「現実を直視する力」を持っているからです。

今の「自分の数字」（体重、体脂肪率など）を直視している人は、「会社の数字（売上、客数、単価、在庫、借入額など）」も、毎日、見ています。数字に対する感度が高いため、「数字が示す会社の異常（アラート）」にもすぐに気がつくことができます。

また、「目標体重」を即答できる人は、「1年、3年、5年、10年というスパンで物事を考える力」を持っているからです。

このような人は、目先の利益にとらわれず、「こうなりたい」という目標に向かって、計画的に行動することができます。

60人中、目標体重を言えたのは20％（12人）。目標体重と今の体重の両方を、正確に言えたのは10％（６人）でしたが、理事長の見立て通り、「目標体重」も「今の体重」も即答できた６人は、全参加者60人の中でも、「ぶっちぎりの実績」を上げていたのです。

つまり、数字を即答できたこの６人に共通していたのは「毎日、体重計に乗っている」ということであり、「毎日、自分の数字を見ている」ということです。

毎日数字を見ていれば、昨日と今日の変化を見逃すことはありません。そして、その変化に「即座」に対応できます。

たとえば、昨日の体重が60キロで、今日の体重が60・５キロだとしたら、差は５００グラム。「今日の食事の量を控える」だけで、翌日には体重を戻すことができるでしょう。

けれど、体重計に乗らない人は、「日々の小さな変化」を見逃してしまうため、気がついたときには、取り返しのつかない「大きな変化」になっていることがあります。１年前に体重が60キロだった人が、知らず知らずのうちに、１年後に70キロまで太ってしまったとすると、体重を60キロに戻すのは、容易ではありません。

仮に、１カ月の売上目標が１０００万円だったとします。数字に弱い人は、「１カ月終わった時点で、目標に届いたか、届いていないかを判断しよう」とします。

この場合、たいてい目標は達成されません。なぜなら、「小さな問題」を放置してしまっているからです。月末の2日前に、売上が700万円しかいかなかったとしたら、届かなかった300万円を、あと2日間で取り返すのはむずかしいでしょう。

一方、数字に強い人は、「1000万円」という目標を「30日」で割って、「1日33万円」として数字を見ていきます。**そして「今日は3万円足りなかったから、明日、36万円売り上げるようにしよう」と、1日ごとに数字を見直し、毎日、「小さな改善」を繰り返します。だから、目標額に届きやすくなるのです。**

●毎日、「数字」を見ることで、「小さな変化」に気づく

6人の中で、もっとも実績を上げている加藤さん（仮名）は、なんと、1日2回、朝と晩に「体重」と「体脂肪」を測って、手帳にまで記録するというツワモノでした。

それどころか、「その日、何時に、何を、何グラム食べたか」、「排便のある、なし」「起床時間と就寝時間」まで手帳に記録していたのです。

こうして「自分の数字」を毎日つぶさに見ていったところ、「食べていいもの」と「食べてはいけないもの」が分析できるようになったそうです。そしてこの分析眼と習慣が「経営にも、大いに役立っている」と、加藤さんは言います。

「数字の鬼」を自称する私も、毎日、必ず「数字」をチェックします。私のもとには、全店の数字（売上や顧客数、商品の販売数など）が、毎朝、上がってきます。**すると、「小さな変化」にすばやく対応できるので、「大きな損失」を出すことがなく、安定的に売上を伸ばすことができるようになるのです。**

たとえば、ある店舗では、前年対比110％で、ずっと伸びていたにもかかわらず、わずか3日間で「50％」まで落ち込んだことがあります。

「異常」を感じた私が店長に問い合わせたところ、「スタッフが、一度に数人、離職していたことを、言いづらくて報告してこれなかったこと」がわかりました。

近隣の店舗からヘルプを送ってすぐに立て直しを図ったところ、翌日には売上を戻すことができました。もし私がスタッフの離職に気づかなければ、傷口はさらに大きく広がっていたに違いありません。

体型の目安は、「BMI（体格指数：Body Mass Index）」が「25未満」です。

- BMI＝体重kg÷（身長m×身長m）

「25以上30未満」で「肥満」、「30以上」で「高度肥満」と判定されます。私の経験上、「BMIが『25』を超えると年収1億円から遠ざかる」と考えています。BMIが25を超えないように、食事などに気を配り、「適正な体重」を保つようにしましょう。

「自分自身の管理」ができない人に、資産や、仕事を管理できるはずがありませんし、「年収1億円」を達成できるはずがありません。

体重計に、目標とする体重と体脂肪率の両方を貼って、朝晩、体重計に乗る。体重と体脂肪率を毎日記録して、日々の「小さな変化」を見逃さない。

目標とする体重と現時点の体重が即答できるようになれば、仕事も思うようにコントロールできるようになるはずなのです。

【習慣22】

「グリーン車」や「ファーストクラス」に乗ってはいけない

「移動時間のムダ」を自覚したとき、仕事の成果は、大きく変わります。**「移動時間」は仕事をする時間です。**「移動時間」に無頓着な人は、仕事の効率が悪い人です。

数年前の話ですが、新幹線に乗って名古屋駅に向かうとき、品川駅のホームで、以前お仕事をご一緒したデザイナーの藤原さん（仮名）をお見かけしました。インテリアデザインの世界で活躍する一流のデザイナーです。

私と藤原さんは、同じ時刻の新幹線に乗りました。藤原さんは「新大阪駅まで行く」とおっしゃっていたので、豊橋駅を過ぎたあたりで、「私は名古屋で降ります。お先に失礼します」とご挨拶にうかがおうと席を立ちました。藤原さんが何号車にいるかわかりません。けれど、「おそらく、グリーン車を探せば見つかるだろう」と思っていました。

ところが、藤原さんは「一般車両（指定席）」にいて、熱心に仕事をしていたのです。藤原さんほどの実績を持つ人が「グリーン車に乗っていなかった」ことに違和感を覚え、その理由をうかがいました。

すると、藤原さんは、次のように答えてくださいました。

「**私にとって新幹線は、第二の事務所みたいなものです**。でも、グリーン車に乗ると、仕事がしにくいんです。どうしてかというと、静かすぎるから。とくに早朝のグリーン車は、寝ている人が多いですよね。パソコンを開くと、キーボードのタイピング音が車内に響いてしまって、まわりの人に気をつかいすぎてしまうのです。仮に、グリーン車に乗ったほうが一般車両に乗るよりも早く到着するのであれば、私もグリーン車に乗るでしょう。早く着けば、それだけ現地で仕事ができますからね。けれど、グリーン車でも、一般車両でも、到着時刻は変わりません。だとすれば、私にとって、グリーン車に価値はないのです」

私は、自分の至らなさを痛感しました。なぜなら、それまでの私は、「グリーン車に乗って、くつろいでいたから」です。

私はグリーン車にステータスや優越感を覚え、ただ、見栄を張りたかっただけでした。じつはこの当時、私の年収は「1億円」から「5000万円」まで落ちていた時期でした。店舗の売上が伸び悩んでいたのです。

藤原さんの話をうかがって、すぐさま、名古屋からの帰りの新幹線から、私はグリーン車に乗るのをやめました。すると、その後、次第に、店舗の売上も、私の年収も、少しずつ回復していったのです。

回復した理由は、「2つ」あると思います。ひとつは、一般車両に乗って、移動中も仕事をはじめたこと。その「姿勢の差」によって、「いろいろな生産性が上がったこと」です。もうひとつは、「お客様視点」で発想できるようになったことです。グリーン車に乗っていたときの私は、「自分はほかの人とは違う」と思い上がり、謙虚さを忘れ、高慢になっていました。だから、お客様を真剣に見れていなかったのだと思います。

グリーン車をやめたとたん、「現場感覚」が戻ってきて、社員にも、「お客様視点」で指示を出せるようになったのです。

私は今、基本的には、グリーン車に乗ることも、超高級ホテルに宿泊することも、ファーストクラスやビジネスクラスに乗ることもありません。「お金と時間の使い方に謙虚さがなくなると失敗する」ことを痛感したからです。

●「移動時間」＝「仕事をする時間」

「年収10億円超え」の化粧品メーカーの杉田会長（仮名）は、いつも運転手付きのロールスロイスやマイバッハで移動しています。私は「運転手を雇用するのはムダではないか」と思い、杉田会長に「どうして自分で運転されないのですか」と尋ねたことがあります。

すると、杉田会長は、「車の中は、会社にいるのと同じ」と答えてくださいました。「車内は仕事場だから、自分で運転をすると仕事ができない。それに、自分で運転をしていると、それだけで『今日も仕事をした！』と勘違いしてしまう」というのです。

このお2人に共通しているのは、「移動時間」＝「仕事をする時間」と考えているところです。**移動時間を活用できず、寝てしまったり、ボーッと過ごしてしまう人は、成功できません。**移動時間すらもムダにせず、「仕事」につなげていくその姿勢。その「姿勢の差」こそが、「年収1億円」を目指す人にとっては、とてつもなく大きいのです。

【習慣23】

お金の大切さを知っている人は、「お金がないみじめさ」を経験している人

私は、子どものころ「人前でお金の話をするのは、はしたない」「お金の話ばかりするのは下品だ」と教えられてきました。私の父は銀行員でしたから、お金の大切さを承知していながら、一方で、お金にまつわる「悲喜《ひき》こもごも」を幾度も見てきたのでしょう。

ですが今の私は、「お金好き」。人前でお金の話をすることに、一片のためらいもなく、実際の金額を出しながら話します。なぜなら、「お金を集めれば集めるほど、たくさんの人を喜ばせ、幸せにできる」「お金は、お金のことを好きな人のところに集まる」ことに気がついたからです。

私が師事する経営者の多くは、「お金好き」を自認しています。「お金儲け＝悪」「お金を稼ぐ＝汚い」と、お金を否定することはありません。

とくに、一度でも「お金がないみじめさ」を経験している人は、「お金よりも大切なものがあるなどという、単なるきれいごと」で済ませることはできないのです。

たしかに、「お金では買えない幸せ」も、たくさんあります。けれど、お金があれば、「食い止められる不幸」も、とてつもなく、たくさんあります。そのことがわかっていれば、「お金は汚い」と卑下することは、できなくなるはずなのです。

「カレーハウスCoCo壱《いち》番《ばん》屋《や》」の創業者、宗《むね》次《つぐ》徳《とく》二《じ》さんは、「究極の贅沢は、必要とする人のためにお金を使うこと（寄付すること）」だとおっしゃっています。

両親の顔を知らず、養護施設で育った宗次さんは、3歳のとき、宗次姓の養父母に引き取られました。ギャンブル好きだった養父は、造船所での日当のほとんどをギャンブルにつぎ込んでいたそうです。

電気も水道もない生活が何年も続き、家賃が払えず、何度もアパートを追い出される。「千円札」は見たことがない。ごちそうは、「煮干し」。宗次さんにお会いさせていただいたとき、「私は元祖、草食系男子だ」と宗次さんが言うので、その理由をうかがうと、笑いながら、「道端の雑草を食べて過ごしていたから」と答えてくださいました。

こうした原体験があるからこそ、「お金は、必要としている人のために使う」という哲学が身についたのでしょう。宗次さんが、お金に困っているわけではないのに「壱番屋」の株式を売却されたのは、「より多くの寄付をしたいから」だったのです。

宗次さんは、お金に敬語を使っています。「100円」ではなく「100円さん」、「1万円」ではなく「1万円さん」、「勘定」ではなくて「お勘定」、「給与」ではなくて「お給与」、「財布」ではなくて「お財布」。宗次さんが敬語を使うのは、お金の大切さが身にしみてわかっていて、お金に、本当に感謝しているからでしょう。

●貧しかったからこそ「お金の大切さ」がわかる

「はじめに」でも書きましたが、私も、上京してしばらくは、ビックリするほどの「極《ごく》貧《ひん》」でした。専門学校の学費も自分で払っていましたし、美容師になった当時から、セミナーや講演会にも自費で参加していたので、もちろん、お金が足りません。ついにはお金を借りまくり、23歳のときには、「借金500万円長者」となっていました。3日間、何も食べないこともありました。**電気、ガスが止まり、ついには最終防衛ラインである**

「水道」までも止まり、タバコを吸いたくなったら、落ちているシケモク（吸い殻）を拾い集めていました。ついに、交通費も払えなくなって、セミナー会場から自宅まで、トボトボ歩いて帰ったことが何度もあります。3時間以上かかりました。ひもじい思いも、惨めな思いも、悔しい思いもしました。でも、貧しかったからこそ、「お金の大切さ」「お金の使い方」「お金を失う恐怖」が身にしみてわかりました。

私は若い社員に、「短期間の極貧生活」を勧めることがあります。擬似的に極貧の環境をつくって、切羽詰《せっぱつ》まった状況に自分を追い込んでみる。たとえば、「1カ月限定で、いつもの四分の一の生活費で暮らしてみる」ようにすると、お金に対する考え方が変わり、お金を「尊敬」できるようになります。「お金さん」と呼べるようになります！

卑《いや》しいのは、お金そのものではありません。お金を貯めるだけ貯めて抱え込もうとする「人の心」です。

宗次さんが莫大な資産を持っていながら、嫉妬の対象にならないのは、「お金を自分のためでなく世の中のため人のために使っているから」です。自分の将来だけでなく、たくさんの人の将来につながるように、お金をたくさん稼いで、たくさん使っていく。これが、「年収1億円」を超えるためのヒントなのです。

第4章 学びの習慣

Learning

【習慣24】

「2ランク上の人」からのお誘いは、「もちろん行きます」以外言ってはいけない

人が成長するには、本人のたゆまぬ努力、ゆるまぬ研鑽、ひたむきな鍛錬が必要です。ですが一方で「どれほど頑張っても、本人の力だけでは成功できない」のも事実です。自分ひとりでできることには、限界があります。**「自分よりもランクが上の人に引き上げてもらう」ことをしなければ、上のステージに上がることはできません。**

では、どうすれば「ランクが上の人に引き上げてもらえる」のでしょうか。

私の場合は、自分より「1ランク上の人」よりも、さらにランクが上の人、すなわち、「2ランク上の人」とのご縁を大切にしたことで、「1ランク上」にいる直接の上司から、チャンスをもらえるようになりました。

「1ランク上の人」とは、「自分が尊敬する人」です。そして、自分と、直接的な利害関係（主従関係）にある人です（上司、社長など）。

「2ランク上の人」とは、「自分が尊敬する人の尊敬する人」です。「2ランク上の人」とは、利害や主従の関係があるとはかぎりません（上司の上司、社長の恩師、取引先の経営者など、こちらから直接お声がけすることがむずかしい人）。

私は、「2ランク上の人」からのお誘いは、絶対に断ることはありません。途中で、先に、帰ることもありません。新潟に出張中に、東京にいる2ランク上の人からの電話で、3時間後に駆けつけたこともあります。「2ランク上の人」からのお誘いは、めったにない上に、一度断ってしまうと、二度と誘ってもらえない可能性があるからです。

「2ランク上の人」が声をかけてくださるのは、私に対して、何らかの「興味」や「期待」を持っているからです。その興味や期待に報いないことは、「成長のチャンスを捨てる」ことと同じです。

「2ランク上の人」から誘われたら、私の返事は、もちろん「はい」か「イエス」か「喜んで」だけです（笑）。

●超一流は、「素直で、レスポンスが早くて、行動力がある人」を応援する

あるとき、尊敬する人が尊敬する化粧品会社の松田社長（仮名）（私にとって2ランク上の人）から、食事のお誘いをいただきました。

ですが、松田社長とは一度しかお会いしたことがなかったので、どうして私に声をかけてくださったのか、その理由がわかりませんでした。

松田社長に理由をお尋ねすると、「山下くんには、成長意欲が感じられたから」とお答えいただきました。

「山下くんは、前回、お会いしたときに、手帳に『10年計画』を貼っていたよね。自分の人生をどうしたいのかを考えながら、目標を持って生きている人は、見込みがある。それに、山下くんは、私が前回教えたことを、すぐに実践したと聞いたよ」

以前、一度だけ松田社長と会ったときに、私は松田社長から、「身だしなみ」について、次のようなアドバイスをいただいていました。

「美容師は見た目も大事だから、その目の下のクマも、その洋服もなんとかしたほうが

いい。とりあえず、仕立てのいい洋服を『月曜日から、日曜日まで』1週間分（7セット）買って、着回してみたらどうかね？」

私は、翌日、即座に1週間分の洋服を、まとめて買ったのですが、松田社長を紹介してくれた方が、松田社長に「山下くんは、松田社長に言われたとおり、洋服を揃えた」と伝えていたようなのです。松田社長が見ていたのは、私の実力や実績ではありません。「成長意欲があるか、ないか」という部分です。

松田社長は、すぐに洋服を揃えた私を「成長意欲がある」と評価してくださったのです。その後も、松田社長からのお誘いには、二つ返事で「イエス」とお答えしました。そして、「2ランク上」の松田社長からいただいた助言を実践した結果、「1ランク上」にいた上司から、多くの仕事を任せてもらえるようになったのです。上司は、「松田社長から高い評価をいただいている山下になら、任せられる」と思ってくれたのでしょう。

「ランクが上の人」に目をかけてもらうには、「誘いは断らないこと」です。そして、アドバイスをいただいたら、「超特急で、即座に実践すること」です。

「素直で、レスポンスが早くて、行動力がある人」になれば、「ランクが上の人」からの助力が得られ、上のステージに引き上げてもらうきっかけをいただけるのです。

【習慣25】
「毎月3冊」本を読むと、今ある問題が解決される

人間の体は、食べたものからできています。だから、当然、健康で安全な食事をしたほうが、体にはいいはずです。そのために私は、ジャンクフードを減らすなどして、食事に気を配っています。たとえば、海外旅行中は、いろいろなご馳走を食べて太るので、旅行の前には、二週間、「1日、ゆで卵3つのみ」で過ごすこともあるぐらいです。

一方、人間の脳（思考）は、インプットした「情報」や「知識」によってできています。だから、「質の高い情報」に接したほうがいいのです。そのために私は、忙しい中でも、根性で「毎月3冊以上、本を読む」ように心がけています。

仕事の壁を破るヒントは「本」の中に多くあります。「EARTH《アース》銀座店」の店長だっ

たところは、仕事に行き詰《づ》まるたびに書店に足を運び、著者に相談をするように本を読んで、問題を解消してきました。

入社2ヵ月で店長に抜擢された私は、新参者にもかかわらず、生意気だったと思います。古参のスタッフに対しても、上からものを言う不遜《ふそん》な態度をとっていました。「店長＝偉い」と勘違いをしていたのです。

ですが内心では、社員との距離感を、いつも心配し、「店舗のみんなは、自分のことを店長として認めていない」ことに気がついていました。

どうしたら、スタッフがついてきてくれるのか。答えは、書店で見つけた本の中にありました。書名は失念してしまいましたが、その本には、おおよそ、次のようなことが書かれてありました。

「職位や役割に違いはあっても、人と人は平等である。だから、相手が年下であっても、敬語で接する」

「言葉使いは伝染するので、リーダーの言葉使いが変われば、部下の言葉使いも変わる。だからあなたが見本になりなさい」

さっそく私は、とてつもない違和感をこらえつつ、後輩に対しても、「さん付け」で呼ぶようにして、言葉使いをあらためるようにしました。

敬語を使いはじめて3日間、後輩たちも「店長の態度が急に変わって気味が悪い。何か裏があるのではないか？」といぶかしく思っていたようですが（笑）、3週間もすると、私の言葉使いが伝染して、スタッフ全員が「敬語」を使うようになったのです。

●本には「明日から、すぐに使える解決策」が書かれてある

私は、同じ分野に関する本を、最低「3冊以上」読むようにしています。1、2冊だと、「偏《かたよ》った意見」しか得ることができません。その分野に関する本を「最低3冊」読むようにすると、知識の幅や奥行きを広げることができます。

とくに、「歴史書」や「（創業者や経営者の）自伝」は、おすすめです。私が「歴史書」や「自伝」を好むのは、今は亡き偉人や、立場や身分が違う人にも、本を通して、会うことができるからです。

たとえば、福沢諭吉《ふくざわゆきち》から、直接、アドバイスをいただくことはできなくても、福沢諭吉が書いた著作を手に取れば、「本」を通じて、福沢諭吉と対話することができます。

歴史書をひも解けば、織田信長《おだのぶなが》、豊臣秀吉《とよとみひでよし》、徳川家康《とくがわいえやす》といった歴史的人物の思考を追体験することもできます。本は、時間と空間を超えて、話を聞きたい人に、話を聞くことができるのです。読了後、私はいつも、その人物になりきっていました。

私は、読書こそ、「知識・経験・教養をもっとも効率よく得る手段の1つである」と考えています。なぜなら、本には「明日から、すぐに使える解決策」が書かれてあるからです。

人が思い悩むことは、なにも「人類初」のものではありません。たいていはすでに誰かが悩んで、その後、解決済みのものです。だとすれば、「自分と同じ悩みを乗り越えた人の本」の中に、解決策が書かれてあるはずです。

本に相談をすれば、「悩む時間」を少なくして、その分、「解決する時間」を確保することができます。

いち早く「正解」を導き出す方法こそが、「読書」なのです。

【習慣26】「年収2000万円」の壁を破る、たったひとつの考え方

私が年収2000万円を超えたころのことです。それまでは「10年計画」にしたがって快調に年収を増やしていたのですが、次第にペースが落ちて、伸び悩んだ時期がありました。

頭打ちの現状を変えたいと思い、「年収1億円」を超す飲食店経営者、増田社長（仮名）に、お話をうかがったことがあります。増田社長は、私が置かれている状況にひととおり耳を傾けたあと、次のようなアドバイスをくださいました。

「山下さんに足りないのは、『分かち合う』ことです。『自分のため』に頑張るだけでは、2000万円あたりで限界になります。**『他人のため』に頑張るようにしないと、年収1**

億円を超えることはできません。たとえば、ひとりで食事をするよりも、10人で食事をしたほうが楽しいですよね。『ひとりでおいしい食事を食べるよりも、10人においしい食事をご馳走したい！』と思ったら、今よりもたくさん稼ごうと思いませんか？」

当時の私は「自分のこと」しか考えていませんでした。一方で増田社長は、「自分のまわりにいる人たちにも喜んでほしい」と考え、その思いを仕事の原動力にしていたのです。増田社長の教えにしたがい、翌日から、即座に「まわりの人たちにも還元する」ことを、強く意識するようになってから、私の年収は、右肩上がりに増え続けました。そしてその3年後、31歳のとき、念願だった「年収1億円」を達成したのです。

●年収1億円を継続するには、年収1000万円の協力者を10人つくる

ところが、わずか2年後に、私の年収は5000万円まで落ち込んでしまったのです。「年収1億円」を継続する難しさを思い知らされ、再び、増田社長のもとを訪れました。

増田社長に指摘されたのは「協力者がいない」ということです。

「まず、年収1億円を超えるには、他人のために努力をすること。その次に、年収1億円であり続けるには、協力者をつくることが大切なのです。具体的にいうと、年収1000万円の協力者を社内外問わず10人つくらないといけません」

年収1000万円の協力者を「見つけてくる」のではありません。「つくる」のです。自分が稼ぐだけでなく、まわりにも稼いでもらう。**まわりの年収が上がるように手を貸すと、彼らも私に手を貸してくれるようになり、結果的に、自分の年収も1億円を継続的に超える、という理屈です。**

美容室の場合、店長の年収を上げる条件は、店舗の売上を上げることです。私はそのために店長にアドバイスを送る。店長が年収1000万円もらえるくらい店舗の売上が上がれば、当然、オーナーである私の年収も上がることになります。

その後、再び、増田社長のアドバイスを即座に実行に移し、ほどなく、私の年収は1億円に回復しました。その後も、年収1000万円の協力者が10人揃っているときは、私の年収は1億円を割り込んでいません。自分の力だけに頼らず、まわりの力を引き出して伸ばしていく。そのほうが年収は安定するのです。

●「自分のことしか考えていない人」は、天狗になって失敗する

飲食業界で活躍する新田社長（仮名）は、のれん分けにより、「11名」の経営者を輩出しています。この11名は、全員「年収2000万円」を超えていますが、11名のうち8名は、独立したとたん、「年収2000万円で止まってしまった」そうです（なかには、年収が下がった人もいます）。一方、残り3名は、独立後もさらに成長を続け、年収を増やしています。「成長が止まった8名」と「成長を続ける3名」の差は、どこにあるのでしょうか。新田社長は、「成長が止まったのは、『自分』だけが満足してしまったから」と、おっしゃっていました。

「この8名は、経営者になったとたん、努力を怠り、基本を忘れ、素直さを失い、人の話を聞かなくなった。簡単に言うと、『天狗』になったということです」

天狗になったのは、「自分のこと」しか考えていないからです。自分のことしか考えていなければ、自分が満足した時点で、成長する理由がなくなってしまいます。すると、仕事以外の別のことに関心がいってしまうわけです。

ですが残りの3名は、経営者になっても驕らず、初心を忘れず、努力を続けています。

努力を継続できるのは、「自分のまわりにいる人」を目標の対象にしているからです。彼ら3人は、「まわりの人と一緒に幸せになりたい」「まわりの人の成長に手を貸したい」という与える姿勢を持っていました。だから、「自分だけの努力」にとどまらず、2倍、3倍の努力ができるのです。

石《いし》井《い》竜《りゅう》治《じ》は、その1ミリたりともブレない素直さを買われ、入社2年で「FC《フランチャイズ》オーナー」としての独立を認められました。入社2年での独立は、EARTH《アース》最速です。

ところが彼は、オーナーになると人が変わってしまいました。自分の基準でしか物事を判断せず、事務仕事を優先しすぎて最優先すべき「現場」にも顔を出さず、かなり厳しく社員に仕事を命じるなど、行きすぎた指導も目に付くようになりました。彼は「24時間、一睡もせずに、朝も昼も夜も夜中も、チラシを配り続けた」という伝説を持つほど自分には厳しい一方で、自分のやり方を押し通す一面もあったのです。

そこで私は、最も赤字で大変な店舗を彼に任せてみることにしました。「赤字店を立て直す」という経験の中から、初心である素直さを取り戻してほしいと思ったからです。

結果的に、彼は、完全に復活しました。「自分の背中を見せないと　部下は育たない」

ことを悟り、経営者にとって、非常に大切な「素直さ」を取り戻したからです。その後の彼は、「問題のある店舗」を任せると、誰もが嫌がることもすべて引き受け、ことごとく優良店へと再生させました。**彼は、「ＥＡＲＴＨの最高基準」を継承し、３６０度どこから見ても本物で信頼が厚く、スタッフの成長のためなら火の中に飛び込む姿勢なので部下がついてくるのです**。いまや石井は、10店舗の「ＦＣオーナー」となり、年商10億円、フェラーリ４３０スパイダーに乗り、常に自ら最前線に立ち快進撃を続けています。

自分だけの目的や目標しか持っていない人は、折れやすく不安定で脆《もろ》くなりがちです。ですが、「他人（身近にいる人や大切な人）のために」という発想をプラスすることで、揺るがない基盤ができあがります。そして、努力を継続できるようになります。

他人を背負っている人は、自分が折れたとたん、他人も巻き添えにしてしまうことがわかっています。だから、少々のことではへこたれません。たとえば、「30万円の月給のうち、毎月５万円ずつ、実家で暮らす年老いた母親に仕送りをする」という目標を立てたなら、そう簡単には引き下がれないはずです。

目的や目標を立てるときは「自分＋他人（身近にいる人や大切な人）」で考える。「協力者」と一緒に利益を上げるという発想を持てば、仕事も利益も安定するのです。

【習慣27】

年収1億円を狙うカテゴリーは、「経営者」が、一番ハードルが低い

私は、「職業」を4つのカテゴリーに分けて考えています。

【1】事業所有者（ビジネスオーナー、起業家、権利所有者）
【2】投資家（事業投資家）
【3】労働者（サラリーマン）
【4】自営業者（個人事業主、税理士、職人、スポーツ選手、専門家）

そして、この中でもっとも「年収1億円」の可能性が高いのは、「【1】事業所有者」だと考えています。

『日本のお金持ち研究』（日本経済新聞社）の著者（共著：森《もり》剛《たけ》志《し》）で、京都大学名誉教

授の橘《たちばな》木《き》俊《とし》詔《あき》さんは、２００１年に国税庁が発表した「高額納税者名簿」を分析しています。その結果、「年間納税額３０００万円以上（所得はおよそ1億円相当）」の人の割合は、「1位：企業経営者（社長・最高経営責任者）（31・7％）」「2位：医師（15・4％）」「3位：経営幹部（社長以外）（11・6％）」「4位：芸能人、スポーツ選手（２・２％）」「5位：弁護士（０・４％）」※その他（土地保有者など38・7％）であることがわかったそうです。調査結果は２００１年と少し前のものですが、私は現在も、この順位は大きく変わってはいないと思います。「世の中の構造」というものは、そう簡単には変わらないからです。では、なぜ、「【1】事業所有者」が「年収1億円」にもっとも近い職業なのでしょうか。その理由を私は次のように考えています。

◎専門的な能力を必要としない

芸能人、スポーツ選手、医師、弁護士などとは違って専門的な能力を必要としません。

◎自分が働くだけでなく、「自分以外」も働いてくれる

自分の不得意分野は、迷わず得意な人の力を借りることができます。

◎自分の時間のすべてを「仕事」に注ぐことができる

経営者の特権は、労働基準法が適用されないことです（労働基準法は労働者を保護するもの）。とにかく仕事に時間を使えます。

◎成功する確率が高い

中小企業庁の発行する『中小企業白書』（２０１６年）によると、「起業後、10年後には約３割の企業が退出」するそうですが、見方を変えると、「約7割の企業が継続している」といえます。

●経営者は、10回やれば1回成功するので、成功率が高い

年商50億円企業のカリスマ経営者だった渡辺社長（仮名）が、ある日突然、10億円の負債を抱えて倒産しました。自分の身近でこのような事件が起きたのは、はじめてだったので、私もかなり衝撃を受けました。ですがその後、さらなる衝撃が私を襲いました。それは、渡辺社長が「またゼロからやればいい」と、サラッと言い放ったことです。

凡人の私にとって、「倒産」は、「人生の終わり」と同義でした。つまり、「社会的な死」であると。けれど渡辺社長にとっては、「原点回帰」にすぎなかったのです。「戦国時代ではあるまいし、今の日本は、倒産したって命まで取られることはない。失敗は、買ってでもした方が経験値が上がる。まぁ、今回は借金も抱えちゃったから高くついたけどね」

そして最後に、渡辺社長はこう言い放ちました。**「経営者というカテゴリーは、10回やれば1回成功する。１００回に1回とか、１０００回に1回ではない。10回に1回でいいのだから、経営者はかなりの成功率だよね」と。**その後、渡辺社長は完全復活。借金を返済して「年商１２０億円」の会社を経営しています。

私は「経営者はサラリーマンよりも優秀だ」と言いたいのではありません。私よりも優秀なサラリーマンは大勢います。ですが、優秀な彼らが「年収１０００万円」に届いていないのであれば、企業という枠組みの中で、才能を活かしきれていないからではないでしょうか。10回やったら1回はうまくいくのであれば、「起業」は、もはや「リスクが高い」とはいえません。一等の当選確率が1／１０００万の「宝くじ」の行列に並ぶより、よほど成功の確率は高いと思うのです。

【習慣28】
稼ぐ人とは、「聞く」と「ほめる」ができる人

年収1億円以上のクライアントを50人以上かかえる、カリスマ・ファイナンシャル・プランナーの江上《えがみ》治《おさむ》さんから、「契約が取れない保険の営業マンと、契約が取れる保険の営業マンの違い」について教えていただいたことがあります。**契約が取れない営業マンの共通点は、「自分が売りたい保険（よく知っている得意な保険）」を売りこみ、一方、契約がたくさん取れる営業マンは、「御《ご》用《よう》聞《き》き」に徹しています。**お客様の話をよく聞き、お客様の役に立てる保険（お客様の問題を解決できる保険）を提案する。ときには保険の話はほとんどせず、雑談で終わることもあるそうです。

美容室も、生命保険とまったく同じです。スタイリストひとり当たりの売上は、平均して100万円（月）です。ですが50万円しか売上を上げられないスタイリストもいれ

ば、500万円以上、売り上げるスタイリストもいます。両者の違いは、「カウンセリング」のしかたにあります。稼げないスタイリストは、技術（カット、ヘアカラー、パーマ）のバリエーションが少ないため、「自分が得意なヘアスタイル」をお客様に押し付けようとします。**反対に、稼げるスタイリストは、「ヘアスタイルはお決まりですか？」「何かお困りのことはございませんか？」と御用聞きに徹しています。**

たとえば、毛先がパサついているお客様に対して、美容師のほうから「髪がパサついていますね」と指摘をすると、お客様は気を悪くします。

ですが、あえて指摘せずに、「何かお困りのことはございませんか？」と話を振って、お客様のほうから「じつは髪がパサついていて…」と引き出すことができれば、それに対応したカットをすることで、施術後の満足度が高くなります。お客様がご自身でおっしゃったことだからです。

私の会社では、「サーフィン合宿」「スノーボード合宿」「野球部」「バーベキュー」という名を借りた「会議」があります（笑）。会議が大好きな社員は少数派です。けれど、サーフィンやスノーボードなら、率先して参加したがります。「野球ができる」という理由でEARTH《アース》に入社した社員もいます（笑）。

「会議をやる」と言うと、社員はやりたがらない。だとすれば、社員が「やりたい」と思うものを「入り口」にして、会議とセットにしたほうが、参加意欲は高まります。

また、私と入社したての社員では、仕事の内容も、年齢も、キャリアも違いすぎるため、お互いの意見をすり合わせるのがむずかしい。けれど、サーフィンやスノーボードといった「趣味」を入り口にすると、上下関係ではなく、後輩とも「横並びの関係」が築けるので、コミュニケーションが取りやすくなります。

●「3回以上ほめる」と、稼ぐ人になれる

また、稼ぐ美容師は、相手（あるいは、相手が好きなもの）を、よくほめています。接客中に、「3回」は、ほめていると思います。

誰かをほめるときは、その内容はもちろんのこと、回数がとても重要です。なぜなら、1回では、「お世辞かも？」と疑われたり、本気にされなかったりするからです。

本当にほめていることをわかってもらうには、「3回」はほめたほうがいいでしょう。

「ＥＡＲＴＨ金山《かなやま》店」（名古屋）の移転リニューアルの方針を固め、物件を探していたと

き、駅前にある候補物件には、15社が競合していました。

物件オーナーにお目にかかると、「このビルをわが子のように大切にしている」ことが伝わってきました。たしかに、レンガをあしらった外観は洗練され、際立っています。

「これはオーナーがご自身でデザインされたのですか？　劇的にすばらしいですね！」

「びっくりするぐらい、センスがありますね！」

「このビルは、アメリカ的なデザインで、一瞬で目を引きますね！」

と私がビルを、熱心に「3回以上」ほめると、オーナーは、「よくわかりましたね。私はシカゴで学んでいたことがあります。このビルは私の子どもみたいなもの。子どもをほめられて喜ばない親はいません」と気をよくして、契約をしてくださったのです。

私は朝礼のとき、スタッフに対して、「ペアになって、交互に1分間ずつ、お互いのことをほめ合ってください」と指示を出すことがあります。「ほめる訓練」をすると「相手の好きなこと（もの）」を探しやすくなるからです。

稼げない人は、自分の好きな仕事を、相手に押し付けます。稼げる人は、「何かお役に立てることはございませんか？」という聞く姿勢で、相手の好きなことに自分を合わせます。**つまり、稼ぐ人とは、「『聞く』と『ほめる』ができる人」のことなのです。**

【習慣29】

「お願い」を「誓《ちか》い」に変えると、ガラリと行動が変わる

年商200億円、年収4億円を稼ぐ川口社長（仮名）と、名古屋で仕事をご一緒させていただいたときのことです。

クルマで移動中に、「熱田神宮《あつたじんぐう》」の前を通りかかりました。

川口社長から、「あの神社は、熱田神宮？　あの織田信長《おだのぶなが》の？」と聞かれた私は、「はい。信長が『桶狭間《おけはざま》の戦い』の前に、必勝祈願したところです」とお答えしました。

「おっ、それはパワースポットだね。ちょっと顔を出していこう」と川口社長が興味を示し、クルマは一気に180度、Uターン。私たちは参拝をしていくことにしました。

参拝後、私は、「年収4億円の社長」がどんなお願いをしたのかが気になって、恐る恐る、「川口社長は、何をお願いしたのですか？」と、聞いてみました。

すると、意外なことに、川口社長は「何もお願いしていない」と言うのです。

「あのね、山下さん、神様にお願い事をしてはダメだよ。お願いではなく、『誓《ちか》い』を立てないと。仮に、山下さんが神様だったとするよね。目の前に『一方的にお願いばかりする人』と、『必ず○○○をします！　と誓いを立てる人』があらわれたら、どっちを応援したくなる？　後者だよね。信長だって、きっと、『勝たせてください』とお願いしたわけではないと、僕は思う。『絶対に勝って、今川《いまがわ》軍を退却させます！』と誓いを立てたんじゃないのかな……」

川口社長は、私に、「神社はお願いをする場所ではなく、誓いを立てるところ」だと教えてくださったのです。

教育ビジネスの世界で、年収3億円を稼ぐ安田正《やすだただし》社長は、(株)パンネーションズ・コンサルティング・グループの代表取締役であり、早稲田大学グローバルエデュケーションセンター客員教授も務められる、すごいお方です。安田社長も「誓いを立てる人」です。安田社長は、私が「盆・暮れ・正月」もなく仕事をしていることを知って、「山下さん、お盆とお正月は休まなければいけないよ」と教えてくれました。

休みを取る理由は、「お墓参りをするため」です。

「ご先祖さまあってこその自分なんだから、お墓参りは欠かしてはいけないよ。私も毎年、お正月とお盆には、必ず仙台に帰郷し、お墓参りをするようにしている。ご先祖さまに感謝し、そしてご先祖さまの前で、『次にまたここにくるまでに、○○○をする』と誓いを立てる。ご先祖さまの前でウソはつけないはずだから、必死に頑張ろうと思うようになるんだ」

安田社長にとっての「お墓参り」は、ご先祖さまを敬うとともに、「自分の決意」を伝える行いだったのです。

●「お願い」を「誓い」に変えると、自分の行動が変わる

尾道《おのみち》自由大学の校長で『日本の神さまと上手に暮らす法』（ダイヤモンド社）の著者で

ある中《なか》村《むら》真《まこと》さんは、「『神さまお願いです、受からせてください』というのが神頼み。『僕は絶対に受かりたいので、一生懸命やります。神さま、どうぞ見守ってください』というのが誓い」と述べています。

私も、同意見です。**「お願い」も「誓い」も求める結果は同じですが、「お願い」を「誓い」に変えることで、いっきに「本人の行動が変わる」はずです。**

「お願い」は他力本願です。けれど「誓い」には、「自力で、精一杯、頑張ります」「目的達成のため、一所懸命、努力します」という、切実な「約束」が前提になっています。

だから、「お願い」より「誓い」のほうが、圧倒的に、結果に近づけるのです。

「誓いを立てる」相手は、神様やご先祖さまだけではありません。

上司や、先輩や、取引先に対しても、「誓い」を立てたほうがうまくいきます。

「この仕事をさせてください」とお願いする姿勢をあらためる。そして、「この仕事を1年で○○○いたします」と誓いを立てるのです。

そうすれば、「運」や「チャンス」をつかめるようになり、「その他大勢」から、ぶっちぎりで抜け出すことができるのです。

【習慣30】

コミュニケーションの「33%の法則」

アジア圏で店舗展開する青山社長（仮名）は、社員数３０００名を束ねる、「人使いの達人」です。青山社長の会社には、個性あふれる野性的な幹部が多く在籍しているため、青山社長は「猛獣《もうじゅう》使い」とも呼ばれています。

私が青山社長に、「人材育成の秘訣」についてうかがうと、「とくに育成はしていませんし、むしろ放牧《ほうぼく》状態ですが（笑）、そのかわり、『人選』に気をつけています」と教えてくださいました。青山社長は「対人関係のバランス感覚」が優れている人を幹部に抜擢しているそうです。

「対人関係のバランス感覚」が優れている人とは、「家族」「上司」「部下」の3者と、同じエネルギー配分（33%ずつ）で付き合うことができる人のことです（今の自分にとっていちばん大切な人に、残り1％を上乗せすると、100％になる）。

わかりやすく言うと、「家族」「上司」「部下」を、分け隔てなく大切にする人です。

「家族に依存したり、上司にぶら下がったりする人、部下を雑に扱う人は、周りに気をつかわせ、協調性に欠ける傾向にある」と青山社長はおっしゃっています。

仕事優先でも家族優先でもなく、どちらも同じように大切にする。上司の顔色をうかがったり、部下に横柄な態度をとったりするのではなく、どちらからも協力を得る。それができると、多くの人から信頼される、というのが青山社長の持論です。


20代のころの私は「33％のバランス」がとれていませんでした。24時間365日、仕事のことしか頭になく、家族は0％。「仕事を100％やって、家族とはそれ以外の時間に接する」と思っていました。その結果、親戚一同からも社員からも気をつかわれていました。

20代の最初、部下が私についてきてくれなかったのは、私が対人関係のバランスを崩していたことも、原因のひとつだと思います。

また、青山社長は「相手との距離感」も「33％」の配分で意識していました。**青山社**

長は、「馴れ合いの状態が100％だとしたら、コミュニケーションの適切な距離感は33％くらい」だと考えていました。たとえば、上司と部下の距離が近すぎると、上司は部下に仕事を押し付け、一方、部下は上司に甘えます。馴れ合いが生まれると、相手の気持ちを考えることが希薄になってしまいます。

反対に、距離が遠すぎると、上司は部下に遠慮し、部下は上司を恐れるようになります。お互いに良い関係を築こうとするなら、付かず離れず、近すぎず遠すぎず、相手と一定の距離感を保つことが大切だということを、青山社長から学びました。

●人前に立ったら、「夢」「数字（業績）」「笑い」を33％の割合で話す

以前、私が議長を務める勉強会に、飲食店を160店舗以上経営する伊藤社長（仮名）をお招きしたことがあります。伊藤社長も人間関係を「33％」のバランスで考えている経営者でした。

勉強会が終わり、伊藤社長に勉強会の感想をうかがうと、開口一番、こう指摘されました。「山下さんの話には、ムダがありません。でも、ムダがないことは、必ずしも良い

ことではないのですよ」

私は、雑談もせず、笑いも取らず、「こうすればいいという結論」しか伝えていませんでした。当然、波や変化、喜怒哀楽《きどあいらく》がないため、聞き手が窮屈《きゅうくつ》さを感じていたのです。

伊藤社長からは、「33％のバランスを意識して話したらどうか」と教えていただきました。話の内容は、「夢が33％、数字（業績）が33％、笑い（雑談など）が33％」の割合で組み立てる。自分が一方的に話をするのではなく、「自分が話す時間が33％、参加者が話す時間が33％、余興の時間が33％」の割合で配分する。そうすると、参加者の聞く姿勢が変わる、というのです。さっそく私は、次の勉強会で、180度、やり方を変えて「33％のバランス」を取り入れることにしました。会議中に、物マネや一発芸をしたり、カラオケ好きの社員には、一曲歌わせるようにしました（笑）。

今では、勉強会を楽しみにする参加者が増えています。「次回も参加したい、また話を聞きたい、今回の話を誰かに伝えたい」と思うようになってくれたのです。

コミュニケーションを取る上で大切なのは、「バランス」です。バランスが取れている人は、人間的な魅力が増して、無意味に嫌われることがありません。**「33％」を意識してコミュニケーションを取ると、人間関係が手詰まりになることはないと思います。**

第5章

人生の習慣

Life

【習慣31】

「譲っていい9」は無視して、「譲ってはいけない1」を押さえる

「譲っていい『9』の波は、他の人に譲って、譲ってはいけない『1』の波に乗る」

この言葉は、サーフィン歴54年の日本を代表する「レジェンド・サーファー」、川井幹雄《かわいみきお》さんから、直接、教えていただいた言葉です。

川井さんと一緒に、千葉県の鴨川でサーフィンをしたときのことです。

川井さんは「波待ち」の時間が非常に長く、「キレた波」（いい波）がきても、乗ろうとしません。9割以上の波を、他のサーファーに譲り、まわりを楽しませています。

川井さんほどの実力者が、どうして「いい波」に乗らないのか。不思議に思って理由

をうかがうと、
「いい波ほど、簡単に乗れるので、技術が磨かれない。だから、人に譲ってもいい。けれど、速い波や、切り立つような波（難しい波）は譲ってはいけない。むずかしい波は自分を成長させてくれるから」
と答えてくださいました。

川井さんは、「成長するか、しないか」で波を見極め、「1割の難しい波（成長する波）」に乗るために、「9割の乗りやすい波（成長しない波）」を譲っていたのです。

川井さんが、自分にとって大切な「1割の波」に乗ることができるのは、「9割の波」を譲っているからです。

おそらく、まわりのサーファーたちは、暗黙の了解として、「難しい波がきたときは、川井さんに譲ろう。いつも川井さんは自分たちに、いい波を譲ってくれるので、川井さんがライディングをするときは、邪魔しないように気をつけよう」と考えているのだと思います。

●譲ってはいけない「1」を取り、残りの「9」を譲るとうまくいく

「譲ってはいけない『1』を取り、それ以外の『9』を他人に譲る」

この発想は、「仕事」でも、完全に一致します。

「10個すべて」を押し通そうとすると、反感をくらい、結果としてひとつも通すことができず、やろうとしたことが、できないまま終わります。

ですが「9を譲る謙虚さ」があれば、「いちばん大切な1」を取ることができます。そして、「いちばん大切な1」をキッチリと取ってしまえば、副次的に、残りの「9」が手に入ることにもつながるのです。

FC《フランチャイズ》オーナーになったばかりのころ、私にとって「絶対に譲ってはいけない1」は「チラシ配り」でした。「チラシ配り」は、集客に直結する、生命線だからです。

スタッフの挨拶、身だしなみ、技術にも不満はありましたが、「それら9」の部分には、歯を食いしばって、目をつぶることにしました。そのかわり、「チラシ配りの1」に絞って、徹底を図ったのです。「とにかく、1つだけ、チラシ配りだけは、全力を尽くそう！」

と。その結果として、「お店全体の客数」を順調に伸ばすことができたのです。

「客数」が伸びたことで、スタッフの経験値が上がりました。カットをする回数が増えて技術が磨かれ、挨拶の回数が増えて笑顔を覚え、接客の回数が増えて身だしなみを意識するようになっていきました。

結果的には、私が、「注意するのをやめた9」の部分まで、改善されたのです。

自分の主張が通りやすい環境をつくるには、「譲ってはいけない急所の1」を、なにがなんでも死守することです。

主張したいことが「10個」あるとしたら、その10個に「優先順位」をつけてみます。

そして、「絶対に譲ってはいけない主張1つ」だけを残し、それ以外の「9個」は他者に快く譲ることも、ときには、大切なのです。

すると「絶対に譲ってはいけない1つ」が手に入ることになり、その結果として、残りの「9」も、手に入れることができるようになるのです。

【習慣32】

「3つの約束」、逃げない、言い訳をしない、人のせいにしない

ある時期、社内に「愚痴」「悪口」「文句」が蔓延《まんえん》したことがありました。「あいつムカつく」「こんなことやってられない」「もう嫌だ」「いつ辞めようかな」といった否定的な声が、スタッフルーム（バックヤード）から聞こえるようになったのです。

その理由がわからなかった私は、堀口社長（仮名）に相談をしました。堀口社長は、創業一代で年商２００億円を実現した、超一流の経営者です。

すると堀口社長は、「情熱が伝染するのと同じように、邪念《じゃねん》も伝染する」と教えてくださいました。

「無気力で愚痴ばかりこぼしている人のそばにいると、まわりも気が滅入ってきて、やる気を失う。強い邪念を放つスタッフ（愚痴、悪口、文句ばかり口に出すスタッフ）に

引っ張られて、まわりも愚痴を言うようになる」というのです。

「愚痴」「悪口」「文句」をなくすには、「邪念の元を断つ」しかありません。では、邪念の元は誰だったのでしょうか。堀口社長の答えは、私にとって、意外なものでした。

「邪念の元は、いちばんトップである山下さん、あなたではありませんか？　トップ自身が、社員の前で、『愚痴』『悪口』『文句』を言っているから伝染するのではありませんか？」社内に広がる邪念の発信源は、なんと、当時の「私自身」だったのです。

●「逃げない」「言い訳をしない」「人のせいにしない」を毎日言う

私には、当時、どうしても許せない人がいました。その人のことを「いつか、徹底的にやっつけてやりたい！」と思うほど敵視していました。

そして私は、会社のスタッフの前で、「実は以前、こんな人がいて、とんでもない目に遭《あ》わされた。自分の会社をデカくして、いつか、あいつの会社を、完膚《かんぷ》なきまでにブッ潰《つぶ》してやる」と、何度も、何度も、邪念を吐き出していたのです。

スタッフのひとりは、私の愚痴を何度も聞かされるたび、「私たちは、山下さんの復讐《ふくしゅう》に協力するためにをしているのではない」と、嫌な気分を感じていたそうです。

社内に「負の感情」の連鎖を生み出していたのは、社長である私自身の「恨み、つらみ」でした。私はそのことを反省し、「3つの約束」をつくりました。

【1】「逃げない」
【2】「言い訳をしない」
【3】「人のせいにしない」

そして、翌日から、朝礼で「逃げない、言い訳をしない、人のせいにしない」とスタッフ全員で復唱をするとともに、すぐさまスタッフルームにも、大きくこの標語を貼り出して「悪口を言うのも、聞くのも禁止」にしたのです（ただし例外として、「先輩」に直接、会社の不満を言うのはよいことにしました。会社を良くするための「意見」や「提案」と定義したからです）。

すると、3週間後には「愚痴」「悪口」「文句」が減り、3カ月後には、強い邪念を持つ一部のスタッフ（他人の悪口を言うのが大好きな社員）が、自然と辞めていきました。悪口を聞いてくれる人や、悪口を言える場所がなくなって、憂《う》さ晴らしができなくなったからです。そして、貼り紙をしてから1年後には、情熱のあるスタッフが増え、情熱がどんどん伝染し、なんと「店舗の売上が2倍」になったのです。

また、おもしろいことに、「3つの約束」を掲げてからは、病欠する社員が少なくなりました。邪念が情熱に変わり、気持ちが前向きになったことで、カラダも健康になったのでしょう。まさしく「病は気から」です。

誰しも、腹の立つことはあります。苦手な相手もいます。けれど、いかなる過去も否定してはいけません。いかなる人も批判してはいけません。

許せない人がいるならば、「あの人がいたからこそ、今の自分がある」と許し、感謝する。すべてのことを成長の肥《こ》やしとするのです。

もし、心に邪念が湧いてきたら、「逃げない、言い訳をしない、人のせいにしない」と声に出してみてください。そうすれば心身ともに健全さを取り戻し、元気になって、仕事にも力が入り、自然と、売上（実績）が上がっていくでしょう。

【習慣33】

お金持ちになる配偶者選びの「3つ」のポイント

アメリカの億万長者について調査した『なぜ、この人たちは金持ちになったのか』（トマス・J・スタンリー著／日本経済新聞社）という本に、おもしろいデータが掲載されていました。

それは、億万長者の「92％が既婚者である」というデータです。たしかに、私が知る「年収1億円超え」の人たちも、「今、現在、結婚している人」がほとんどです。私は23歳で結婚をしましたが、結婚をしたことで地に足がつき、仕事に専念できるようになりました。また、社員や社員のご家族に対する私の社会的信用が高まったと思います。

ある大手外食チェーンの清水社長（仮名）は、「のれん分け」（同じ屋号の店を出すことを許可すること）の条件として、「夫婦2人で、お店の経営に関わる」ことを挙げています。「夫婦が力を合わせなければ、事業は成功しない」からです。「奥さんがナンバー2や秘書の役割をして旦那さんを全面的にバックアップしないと、経営は成功しない」と清水社長は考えています。

また、清水社長は、本社の社員を役員に昇格させる前に、当該社員だけでなく、その社員の配偶者（奥さん）も一緒に食事に招待するそうです。奥さんを同席させる理由は、「奥さんの顔には、旦那（社員）の本音が書いてあるから」です。

「社員は、私の前では本音を言いません。けれど、家の中では、気を許して会社や上司の悪口を言っているかもしれない。奥さんの表情を見ていれば、家の中で旦那が何を言っているか、だいたい察しがつきます。奥さんは気持ちを隠し通すことができない。だから奥さんに同席してもらうのです」

清水社長は、このようにおっしゃっていました。

清水社長に「どういう配偶者を選ぶと成功しやすいですか？」と尋ねると、「①夫に依存しない女性」「②ムダづかいをしない女性」「③夫の成功を家庭の成功と思ってくれる女性」という答えが返ってきました（起業している女性が男性を選ぶときも、同じ視点

で選ぶ）。配偶者は最大の協力者です。「私と仕事、どっちが大事なの？」と聞いてくるような依存心の強い人をパートナーに選ぶと、時間と労力を仕事に傾けることができなくなります。

●「年収1億円」は、配偶者選びで「半分」決まる

手前味噌《てまえみそ》だと笑われるかもしれませんが、私の妻は、この「3つ」に、完全に当てはまる女性だと思います。

結婚15周年を迎えたとき（39歳）のことです。「結婚してから一度も結婚記念日をお祝いしたことがないから、仕事を早く終わらせて、箱根に一泊旅行に出かけよう」という話になりました。

ところが、記念日の当日、「これから電車に乗ろう」という直前に、店舗のスタッフから電話がかかってきたのです。「トラブルが発生した」という連絡でした。

私が妻に「1時間で戻ってくるので、しばらく待っていてほしい」と言うと、妻は、**「スタッフあっての私たちだから、旅行はキャンセルしましょう。スタッフが困っている**

ときに、あなたがお店に駆けつけるのは、当然よ」と即答し、私を送り出してくれたのです。自宅に戻ると、旅行が台無しになったことには一切触れず、「トラブルが解決してよかったね」と私を労《ねぎら》ってくれました。

また、こんなこともありました。入社してから15年間、本当に1日も休みなく仕事をしてきた私が、「家族5人でハワイに行く」計画を立てたことがあります。

ところが、旅行の3日前に大きな仕事が決まってしまい、どうしても旅行をキャンセルするしかありませんでした。出発直前だったので、キャンセル料も高く、100万円以上かかりました。それでも妻は、「仕事優先だから、気にしないで」と微笑《ほほえ》んでくれました。それどころか「旅行を計画してくれただけでも嬉しい、感謝している、ありがとう」と私を立ててくれたのです。妻には、本当に、感謝しかありません。

「年収1億円」を超えたければ、仕事に全力投球できる配偶者を選ぶことです。「ビジネスの成功は、配偶者選びで半分決まる」と思います。私が「年収1億円」を超えることができたのは、「この妻と結婚したからだ」と、自信を持って言えます。

「好きという感情」は結婚の最低条件であり、それ以上に「お互いに、仕事や家庭にやりがいを持ち、理解し合える相手」を選ぶことが非常に大切なのです。

【習慣34】

「役づくり」のためなら、7台のセスナもチャーターする

私は、「スッピンでは、経営はできない。スッピンでは、リーダーは務まらない」と考えています。「演じる」ことなしに仕事をしているうちは、大きく飛躍することはありません。私は元来が内向的で、おとなしく、無口で、帰宅してから、翌朝に自宅を出るまで、ひと言も口をきかないことすらあります。でも、内気な自分を超えていかなければ、現状から抜け出すことはできません。そう思い、「経営者」や「リーダー」の役づくりをして、「演じきる」ことを心がけています。

役づくりの参考にしているのが、「最高基準を持っている人」「一番の実績を持っている人」です。成功への近道は、「成功者のマネをすること」です。**超一流になりたければ、**

超一流のように振る舞ってみる。たとえ背伸びすることになっても、成功者のマネをしているうちに、「当たり前の基準」が上がります。だから私は、自分の言動や行動を、「いきなり最高基準」に合わせるようにしています。

経営者としてはじめて店舗を持ったのは、有名サロンが軒を連ねる最高基準の場所、いきなり「銀座」でした。出勤時間も、いきなり「始発」です。

はじめてサーフィンをしたのは最高基準の「ハワイ」で、はじめてスノーボードをしたのは最高基準の「ニセコの頂上」。

社会人になってはじめて野球をやることになったとき、練習場所に選んだのは、最高基準の「グアムでキャンプ」。はじめての試合の対戦相手は、元・巨人軍の選手（定岡正二《さだおかしょうじ》さん、篠塚和典《しのづかかずのり》さん）も在籍する強豪チームで、しかも球場が「神宮球場」でした。

人生ではじめて購入したクルマも最高基準である、いきなり「フェラーリ」です。もちろん、サーフィンも、スノーボードも、野球も、すべて「会社のクラブ活動」です。そして、フェラーリに乗るのも「役づくり」の一環で、単なる趣味ではありません。

自分の立ち居振る舞いも、「一流の経営者」に見えるように演出をしています。超一流の人の動画を参考にして、一挙手一投足《いっきょしゅいっとうそく》をマネしてみることもあります。

鏡の前で表情をつくってみたり、自分が登壇した講演会のビデオを見たり、テープレコーダーに吹き込んで聴き直したりしながら、「一流の経営者」にふさわしいかをチェックしています。**ひとりでいるときでも役から離れず、「常に自分の後ろでカメラが回っている」「常に、誰かに見られている」つもりで自分を律しています。**

また、「言葉使い」も管理しています。感情は言葉に影響され、行動の引き金になりますから、できるだけ「エレガントな言葉」を使うようにしています。そして、役づくりを続け、演じ続けているうちに、脳が勘違いをはじめて、自分の中の当たり前の基準が引き上がりました。「できて当然」と思えるレベルが上がって、自分の性格も、表情も、言葉使いも、少しずつリーダーにふさわしいものに変わってきたのです。

この「脳に勘違い」をさせるのが、「いきなり最高基準」の威力なのです。

●「ナンバー2の背中」を見せるために、7台のセスナをチャーター

今から15～16年ほど前、私が「ナンバー2」としての役づくりに力を入れていた時期があります。

サイパンに社員旅行に行ったときのことです。私は25人の部下を連れて、サイパン島から船で1時間の場所にある「テニアン島」に向かいました。カジノに行くためです。「ＥＡＲＴＨ《アース》のカジノ王」と呼ばれていた私は（笑）、その名に恥じぬ結果を出し、ルーレットで、なんと、「３５０万円」も大勝ちしたのです！

当時から私は、「ギャンブルでの儲けを持ち帰ると、運が逃げる」と思っているので、「全額、部下への慰労金《いろうきん》として還元しよう」と考えていました。

その日は、勝った３５０万円で、部下25人とともに、テニアン島のリゾートホテルに宿泊する予定でしたが、夜、サイパン島にいる國分《こくぶん》社長から、電話が入りました。

「今から、部屋飲みをするよ」

國分社長は、私たちがテニアン島にいることを知りません。仮に私が「今、テニアン島にいるので」と事情を説明すれば、「そうなんだ、わかった。テニアン島の夜を楽しんで」と言ってくれたでしょう。ですが私は、そのことは告げずに、「今から行きます」と返事をしました。**「トップに誘われたら、ノーはない」がナンバー2である私の信条だからです。**返事は、「はい」か「イエス」か「喜んで」しかありません。

とはいえ、すでに夕方の最終便の船が終わり、この時間に、サイパン島に戻る船は出ていません。焦った私は、「サメのいる海を泳いで渡ろうか」と本気で考えたほどです。ホテルのコンシェルジェに事情を説明すると、「たったひとつだけ、サイパンに戻る方法がある」と教えてくれました。その方法とは、「セスナをチャーターすること」です。部下を全員セスナに乗せるには、4人乗りのセスナを「7台」チャーターしなければなりません。チャーター費用は、「100万円以上」かかります。それでも私は、迷わず、セスナに乗ることを即決しました。

7台のセスナが飛ぶ姿は、まるで、「軍隊の編隊」のようでした。ところが……、やっとの思いでサイパン島に戻り、急いで國分社長の部屋に向かったものの、大勢の社員が、所せましと座っていて、部屋に入ることができません。國分社長からは、「到着したの？満員だから、山下さんの部屋で飲んでいて」と言われました。結局、私たちは、わずか「1分」で部屋を出たのです（テニアン島にいたことを、國分社長には最後まで伝えませんでした）。

「『テニアン島にいるので今日は戻れません』と國分社長に説明すればいいのでは？」

「セスナをチャーターしてまで、社長と飲む必要があったのか」と疑問を口にする部下もいました。けれど私には、「部屋飲みに参加しない」という選択肢はありませんでした。なぜなら、「どんな状況でも、トップの方針に従う」のが、ナンバー2の役割だからです。部下に「ナンバー2の背中」を見せる意味でも、戻る必要があったのです。

たとえ1分で解散することになっても、慌てず、ひるまず、何事もなかったかのように振る舞う私を見て、部下たちも、「トップの決定は素直に聞き、即、実行に移す」という「ナンバー2のあり方」を感じてくれたと思います。なぜなら、その日以降、私の指示を素直に受け入れ、実行する部下が増えたからです。「何が正しいかではなく、何が大事か」なのです。

目標となる人を自分で決め、その人の基準をそのまま取り入れる。その人と同じように考え、同じように行動してみる。「人は外面より内面」とか、「外面ばかり磨いてはダメ」と言われますが、内面を重視したいのなら、なおのこと「役割」を演じて、言動を変えるべきだと私は思います。

「スッピン」でいるかぎり、今の自分を超えることはできません。

【習慣35】

「99℃」と「100℃」、この1度の差が人生を分ける

「一所懸命」という言葉も、「本気」という言葉も、どちらも、真剣に物事に取り組む姿勢をあらわしています。

でも私は、「本気」のほうが「一所懸命」よりも、ワンランク上の概念だと考えています。

「本気」は、「一所懸命」よりも、強い「覚悟」が求められている気がするのです。

「一所懸命」に頑張れば、「そこそこ」の成功は手に入ります。しかし、「本気」にならなければ、それ以上の成功は手に入りません。

では、どうすれば「本気」を出すことができるのでしょうか？

「一所懸命」と「本気」の違いは、「覚悟のしかた」にあります。

「本気」を出すためのひとつの方法は、腹をくくって、覚悟を決めて、思い切って、「退路を断つ」ことです。

人間は、自分に甘いので、逃げ道や踊り場を残しておくと、なかなか「本気」を出すことができません。

人間の幸せとは、1「健康」、2「時間」、3「お金」、4「良好な人間関係」の4つを手に入れることだと私は考えています。

ところが、人生は「あちらを立てればこちらが立たず」のトレードオフの連続です。何かを犠牲にしなくては、何かを得ることはできません。

そこで私は、この「4つ」を本気になって手に入れるために、「徹底的に捨てる」という選択肢を選びました。

とくに若いころは「時間」しか持っていないため、時間を犠牲にするしかありません。

まず、19歳のときに、テレビを捨てました。テレビを観る「時間」を犠牲にして、「仕事」をしようと決めたのです。

ですので、20年以上、まともに、テレビを観たことはありません。芸能人もほとんど知りません。

先日、あるパーティーで出会った男性と、しばらく会話をしたあと、「ところで、お仕事は、何をされているのですか?」とうかがったら、その男性は、あの有名な「クレイジーケンバンド」の横山剣《よこやまけん》さんでした(笑)。

「健康」を手に入れるため、大好きだった「お菓子」も「ジャンクフード」も「インスタントラーメン」もやめました。19歳のときから、ほとんど、口にしていません。

「友人」も、いたしかたなく、付き合う時間をなくしました。人間関係を変えなければ、仕事の成果も変わらないと思ったからです。友人の結婚式に招待されても、同窓会に誘われても、仕事が忙しすぎて、出席したことは、1回もありません。

「洋服」も、7セット(1週間分)以外、すべて捨てました。月曜日から日曜日まで、曜日によって着る服を、ほぼ決めて、ルーティンで着まわしていました。

そして最後に、「見栄、プライド、自尊心」を捨てて、ワンランク上、2ランク上の人からの教えを実直に実践してきました。

私は、「自分は意志が弱い」ことを自覚していたからこそ、徹底的に「捨てる」という選択によって、それを、したくてもできないように、退路を断ったのです。

「テレビを観ないようにしよう」と思っていても、テレビを持っていると、つい、スイッチを入れてしまいます。だから、観たくても観れないように、物理的に捨てたのです。

●「圧倒的な本気」とは、退路を断つこと

都内で十数店舗の飲食店を経営する星野社長（仮名）は、「本気」を発揮できる経営者です。以前、私がよく買い物をするブランドショップに、星野社長をお連れしたことがあります。星野社長は、ディスプレイされていたレザーのジャケットとパンツ、シャツの3点セットを気に入ったのですが、残念なことに、サイズが合いませんでした。

小太り気味の星野社長は、「XLサイズ」。けれど在庫は「Sサイズ」しかなかったのです。試着をしようとしても、袖さえ通すことができません。

ところが星野社長は、この3点セットを、いっさいの躊躇《ちゅうちょ》なく購入しました。限定品だったので値段は高く、総額で「50万円」です。

50万円支払って、サイズの合わない服を買ったわけです。

今、この3点セットはどうなっているのでしょうか。

星野社長が見事に着こなしています。

星野社長は、この服を着るために、半年間で「本気の20キロ・ダイエット」に成功したのです。


星野社長は、かねてから、「ダイエットをしたい」と思っていました。

そこで、「サイズが合わない洋服」を50万円支払って買うことにしました。ダイエットに成功しなければ、50万円がムダになります。

星野社長は、ダイエットに成功してから洋服を買うのではなく、先に50万円支払い、「退路を断ち」逃げ道をふさいだのです。

これが「本気」というモードなのです。この、「圧倒的な本気」になれるからこそ、「圧倒的な結果」が出せるのです。

●「99℃」と「100℃」は、まったく違う世界

99℃のお湯も、100℃のお湯も、どちらも「熱い」。
けれど、この1℃の差は、とてつもなく大きい。99℃と100℃は、まったく違う世界です。なぜか？

自分の努力が、本当に結実するのは、100℃になって、空へ舞い上がってからです。

99℃までは「液体」ですが、100℃になった瞬間に「気体」となって、空へと舞い上がることができるからです！

ですから「一所懸命」の限界は、99℃まで。しかし、ほとんど人は、98〜99℃で諦めてしまうのです。でも「夜明け前」がいちばん暗いのです。あと一歩、あと1度、がんばれば100℃に到達して、空へと舞い上がれるのです。

99℃から100℃に変わるためには、本気になって、「退路を断つ」ことです。そして、退路を断つひとつの手段が、「徹底的に捨てる」ことなのです。さて、あなたは、今から「何を捨てる」ことを決断しますか？

【習慣36】

最初は「不純な動機」でいい。特に大切なのは「物欲」を持つこと

『開運！　なんでも鑑定団』（テレビ東京）で知られる古美術鑑定家の中《なか》島《じま》誠《せい》之《の》助《すけ》さんは、著書『真贋のカチマケ～鑑定士の仕事～』（二見書房）の中で、「時間をかけて本物をたくさん見なさい」と述べています。

私は、「億万長者」の世界も、「古美術」の世界に似ていると感じています。

「億万長者になりたいのなら、目を見開いて、本物の億万長者をたくさん見ればいい」ということです。ニセモノの億万長者も、たくさんいますから、注意も必要です。**

私はこれまで100人以上の億万長者（年収1億円以上）を見てきましたが、彼らの人生観やビジネス観には、共通するひとつの「原理原則」があります。それは、

「自分の欲求に正直なこと」

です。億万長者は、「欲」を大切にしています。商品やサービスを生み出すときも、まずは、「自分が欲しているものを商品化しよう！」と考えます。

「自分が欲しがっているのだから、他の人も欲しがるだろう」と解釈して行動しているのです。「科学的なマーケティング」などをしていたら、億万長者にたどり着く「情熱」など、決して出てこないのです。

「EARTH《アース》」の國分利治《こくぶんとしはる》社長も、「欲」に忠実な人です。

縫製《ほうせい》工場の社員だった國分が美容師になったのは、「経営者になるためにもっとも近道な職業であり、さらにカッコよさそう！」だから（笑）。

経営者になったのは、「人に命令されるのが嫌！」だったから（笑）。

店舗数を増やしたのは、「ナメられたくない！」との思いがあったから（笑）。

美容師になったのも、経営者を目指したのも、マーケットを分析した結果の建設的な理由からではありません。むしろ、いちばん最初の「動機」としては、かなり不純だと言えるかもしれないでしょう。

でも私は、多くの億万長者から
「何かをはじめる最初の動機は、不純でもいい！」

ことを教わりました。

「ビジネスの結果」さえ清く正しければいいのであって、社会通念上、許される範囲であれば、「最初の動機は不純」でもいいと思います。最初の原動力は、「不純」でないと、「燃えるような情熱」が、出てこないのではないでしょうか？

●「物欲」こそが、年収1億円の原動力

安江勇気《やすえゆうき》は、私が採用したスタッフです。当時、彼は、20歳。彼の志望動機は、ストレートで、とても潔《いさぎよ》かった。美容師を目指したのは、「異性にモテたいから」です（笑）。だから、彼は「モテるための努力」は、まったく、1ミリも、惜しみませんでした。

真夏でもスーツを着こなし、お客様に合わせて香水を変える。チラシ配りのときは、早く配り終えないと残業になって「合コン」に間に合わなくなるので、道行く人に「チラ

シをもらってくださいー!」と土下座をすることもありました(笑)。

「異性にモテる」ことと、「お客様の獲得」は「人気が必要」という点で、非常に、よく似ています。彼が「異性にモテるためにし続けた、圧倒的な努力」は、やがて美容室の接客にも生かされるようになりました。自宅で折り紙を折ってきて、毎回、お客様に「折り鶴」を渡したり、旅行に行ったときは、必ず「小さなお土産」を買って、お客様に配るようになったのです。

彼は、こうした「モテるための気づかい」=「不純な動機」をプラスに転化して、ついに「FCオーナー《フランチャイズ》」となり、5店舗を展開。年商5億円まで、登りつめたのです。安江が快進撃を続ける要因の1つは、彼は、その「圧倒的な気づかい」から、スタッフに、信じられないぐらい愛されているのです。バリ島でのラフティングの際に、彼が川に落とした携帯電話を、絶対に探しようがない状態から、スタッフが血なまこになって5キロ下流で探し出したこともありました。また、「スタッフ皆の将来を考え、出店資金を早く貯めたいから、自分はクルマは買わない」と決めた安江に、「フェラーリの自転車」をスタッフ全員が、誕生日プレゼントしたこともありました。

安江に限らず、もちろん、私も、最初は「欲」が原動力になっていました(笑)。

私は「最高の自分になる10の条件」と名付けたシートをつくり（次ページ参照）、物心両面の「欲」を書き出しています。【1】〜【5】までは「物欲」で、【6】〜【10】までが「心の欲」をあらわしています（次ページの図は、弊社のエースSさんのもの）。【1】〜【5】に力を入れることで、【6】〜【10】は連動して達成されます。

とくに最初の段階で大切なのが、「物欲」です。「物欲」を前面に押し出すことは、決してあさましいことではありません。今は物があふれていて、誰もが「中途半端に満足してしまう世の中」です。ですが、「中途半端でない欲」を明確に書き出すことによって、「中途半端な満足」を、一気に突き破って、「年収1億円」の領域まで、到達することができるのです。だからこそ、「物欲の明確な目標」を持つことが大切なのです。

「物欲」を抑えこんでしまうと「欲しいものを手に入れるために頑張ろう」とする、炎のモチベーションが失われてしまうでしょう。

もし今、漫然とした毎日を過ごしているのなら、ぜひ、自分の「物欲」を、正直に書き出してみてください。恥ずかしげもなく。その最初の「物欲」が、結果的に、世の中に「すばらしいサービスやモノ」を提供し、あなたを「年収1億円」に引き上げてくれる原動力となるのですから。

最高の自分になる10の条件（弊社のエースSさんのもの）

【物心両面を持つ自分になる】「物欲」は①～⑤、「心の欲」は❻～❿		
①年収	（例）⇒1000万円、3000万円、5000万円、8000万円、1億円	
	5億円	
②家族	（例）⇒3名、4名、5名、6名	
	5名	私、妻、長男、長女、次男
③車、時計、バック	（例）⇒50万円～1000万円	
	5台	フェラーリ3台（うち2台は、EARTHファミリーに譲渡）、ロールスロイス1台、アルファード1台
④家	（例）⇒土地付き一戸建て、マンション、3000万円～1億円	
	5億円	
⑤貯金	（例）⇒3000万円、5000万円、8000万円、1億円	
	5億円	
❻親友	（例）⇒1名、2名、3名、4名、5名	
	5名	
❼趣味	（例）⇒読書、ガーデニング、ウォーキング、サーフィン、ゴルフ	
	仕事	仕事⇒多店舗展開⇒旅行
❽旅行	（例）⇒年4回「春、夏、秋、冬」	
	5回（年間）	
❾親孝行	（例）⇒年1回、旅行に連れていく。お小遣いをあげる	
	5000万円	3000万円（仕送り⇒年間100万円×30年）、2000万円（実家の建替え）
❿社会貢献	（例）⇒寄付、ボランティアカット、地域清掃	
	5億円	5億円（⑤貯金の全額）を、EARTHファミリーに投資
50歳になるまでに		

おわりに

「年収1億円超え」の人の多くは、「応援したいと思える人」への投資に積極的です。

年収1億円も稼いでいれば、それ以上、自分ひとりが儲ける必要はありません。自分が稼ぐよりも、「応援したいと思える人」や「好きな人」に稼がせたい、と思っています。

では、「年収1億円超え」の人が考える「応援したいと思える人」「好きな人」とは、どんな人なのでしょうか。それは、

「利益の少ない仕事にこそ、全力を尽くすことができる人」

です。

A社の幹部会議を見学させていただいたときのことです。120人ほどの幹部が集まる席上で、2人の外部講師（B社の社長と女性秘書）が講演をされました。

はじめに登壇したのは、Ｂ社の社長です。社長の話が終わると、大きな拍手が起こりました。

次に女性秘書がお話をされたのですが、私が聞くかぎり、社長よりもスピーチが巧みだったと思います。お話しされた内容も洗練されていて、よくまとまっていました。ところが、女性秘書には、パラパラとしか、拍手が送られなかったのです。

このとき、Ａ社の社長の目の色が変わりました。会場を見渡して、

「今、拍手をしなかった人は、すぐに立ちなさい！」

と命じたのです。

すると、しぶしぶと、数人が立ち上がったのですが、社長はこう続けました。

「そんなはずはありません。もっといるはずです。私は見ていました。誰がウソをついているか、私にはわかっています。ウソをつき通すつもりなら、その人にはこの場から帰ってもらいます」

お話をしていただいた講師の方に、感謝の意を込めて拍手をするのは、当たり前のことです。「社長には拍手をするけれど、目下である秘書には拍手をしない」のは、幹部の中に、「区別の心」があったからです。

相手によって自分の態度を変える人は、信頼できません。だから社長は、誰が拍手をして、誰がしていないかを、よく見ていたのです。

A社の社長が評価しているのは、「利益を生まない（利益が少ない）仕事」「目の前の小さな仕事」にも力を込めることができる人です。

たしかに、拍手をしてもしなくても、さしあたって大きな「マイナス」はないのかもしれません。けれど、「年収1億円超え」の人たちは、「当たり前のことをおろそかにする人を応援することはない」のです。

●わずか2年で、警備員から社長になれた理由とは？

飲食店オーナーの佐藤さん（仮名）も、相手の日常的な振る舞いの中から、その人の本質を探ろうとする経営者です。

講演会を終えた佐藤さんと私が、会場を出ようとしたとき、ひとりの警備員が目に留まりました。

目に留まった理由は、普通の警備員なら、よくて「会釈をするぐらい」のところを、「お疲れ様でした！」「ありがとうございます！」という挨拶の一言一言が、非常にハキハキとして、とても気持ちがよかったからです。するど佐藤さんは、テクテクと警備員に近づき、声をかけ、「名刺」を渡したのです。

後日、佐藤さんにお会いして、驚かされたことがあります。それは、あのときの警備員が、佐藤さんのカバン持ち（運転手）を務めていたからです。

警備員はサラリーマンですから、ハキハキと挨拶をしても、だらしなく挨拶をしても、給料は変わらないはずです。けれど、この警備員は、「挨拶に情熱を込める」ことをしていました。佐藤さんは、挨拶から、この警備員の「資質」を見抜いたのです。

名刺を渡してから2年後、なんと、この元・警備員は、佐藤さんが持つ会社のひとつを託され、社長になりました。「利益にならない仕事が大事」「当たり前のことが大事」という視点を持った佐藤さんと出会い、応援されたことで、警備員から社長に転身できたのです。

大きな成果を上げるには、さまざまな人からの応援や支援が必要です。応援してもらうには、損得で物事を考えたり、目先の利益にこだわってはいけません。

損得勘定の思考にとらわれると、女性秘書に拍手をしなかった幹部のように、必ず「手抜き」や「怠慢」が生まれます。

一方、応援される人たちは、「何が大事なのか、何が本質なのか」「自分がやるべきことは何なのか」「他人のためにできることは何なのか」を常に考えています。**そして、本質の思考を持っている人は、どんな仕事でも手を抜かず全力で物事に立ち向かう。だから、多くの人から応援されるのです。**

目の前の仕事に、本気で、フルスイングする。

小さな仕事であっても、本気で、全力投球する。

「直接、利益を生まない仕事にも、全力を尽くすことができる人」こそが、結局、最後の最後に、大きな成果を手に入れるのです。
誰でもできるけれど、誰もやっていない習慣こそが、「年収1億円への習慣」なのです。

最後になりましたが…、本書の作成にあたっては、（株）アースホールディングスの創業者である國分《こくぶん》利治《としはる》社長をはじめ、これまでにお会いできた大先輩の皆さま、人生についての、かけがえのない教えをいただき、誠にありがとうございました。また、EAR《アース》THのFC《フランチャイズ》オーナーの皆さま、店長、スタッフの皆さま、いつも本当に、感謝しております。皆さまのおかげで、すべてがあります。

また、最後の最後に、編集協力をしていただきました藤吉《ふじよし》豊《ゆたか》さま、本書の編集担当である（株）ダイヤモンド社の飯沼《いいぬま》一洋《かずひろ》さまには、プロフェッショナルかつ高密度な仕事でサポートいただきまして、誠にありがとうございました。記してお礼を申し上げます。

2018年8月

（株）アースホールディングス取締役　山下《やました》誠司《せいじ》

【参考文献・参考資料・引用】

・（※1）『修身教授録　一日一言』（森信三／致知出版社）より引用

・（※2）【ダスキン公式ホームページ】「経営理念」より引用（一部抜粋）

・（※3）【PRESIDENT Online】２０１６年1月20日「大前研一の日本のカラクリ」『大前流「自分を変革する」3つの方法』より引用

・（※4）【PRESIDENT Online】２０１５年5月19日『なぜ年収１４００万以上の6割が〝朝型〟なのか』参照

・（※5）『イーロン・マスク　世界をつくり変える男』（竹内一正／ダイヤモンド社）より引用

・（※6）【武田薬品工業（株）総合情報サイト】「体内時計.jp」参照

・（※7）『誰でもスグできる！　便秘をみるみる解消する！　２００％の基本ワザ』（山口トキコ：監修　日東書院本社）参照

・（※8）『明日を支配するもの―21世紀のマネジメント革命―』（ピーター・F・ドラッカー：著、上田惇生：訳／ダイヤモンド社）より引用

・（※9）【Journal of Personality and Social Psychology】２００６年4月「Groups Perform Better Than the Best Individuals on Letters-to-Numbers Problems:Effects of Group Size」（by Patrick R.Laughlin, Erin C.Hatch, Jonathan S.Silver, Lee Boh）参照

・（※10）【エキサイトニュース】２０１５年4月18日「マイナビ学生の窓口」『笑顔になれば、世界が変わって見える―科学的根拠』参照

・（※11）【www.ted.com】２０１１年5月「笑みの隠れた力」ロン・ガットマン（日本語訳：Takako Sato）より引用＆参照
https://www.ted.com/talks/ron_gutman_the_hidden_power_of_smiling/transcript?language=ja

【著者プロフィール】

山下誠司（やました・せいじ）

（株）アースホールディングス取締役
（株）サンクチュアリ代表取締役

日本最大級の240店舗を展開する美容室「EARTH」を運営する、（株）アースホールディングス取締役［スタッフ3000名、年商180億円］。

うち70店舗をフランチャイズ展開する、（株）サンクチュアリ代表取締役も兼任。

（株）サンクチュアリは、自社から輩出したフランチャイズ30社とともに、関東、甲信越、東海、北陸、北海道、福岡で展開［スタッフ900名、年商50億円］。


1976年、静岡県生まれ。

高校卒業後に上京し、19歳で年収180万円から美容師を始め、31歳で年収１億円を超える。

19歳から23歳まで、ほぼ休みなく仕事をし、24歳から39歳までは、始発から終電まで365日、15年間、１日たりとも休みなく仕事。

40歳からは、仕事と遊びの壁が、完全になくなる。


24歳でEARTH銀座店の店長になり、25歳で月間の個人売上が500万円を超える。

26歳で、（株）サンクチュアリを設立し、激戦区である銀座でフランチャイズオーナーとなり（のれん分け独立）、EARTH銀座店の月商は2700万円を超え、地域一番店として磨き上げ、全国展開の本拠地として「礎」を築く。

27歳で、東海エリアを皮切りに、全国各地の本部づくりに着手。

関東、甲信越、東海、北陸、北海道、福岡など、10エリア、16都道府県に、14拠点の本部を創り上げる。

30歳で、（株）サンクチュアリから、初めて経営者を輩出。

子会社、孫会社、ひ孫会社、玄孫会社と、５世代にわたり、38名の経営者を輩出。

フェラーリを所有する経営者を、４名輩出。

31歳で、（株）アースホールディングスが設立され、取締役に就任。


愛車は、フェラーリ488スパイダー。

趣味は「仕事」。

【山下誠司オフィシャルウェブサイト】
https://seiji-yamashita.com/

【（株）アースホールディングス】
http://hairmake-earth.com/

年収1億円になる人の習慣

2018年8月22日　第1刷発行
2024年11月26日　第16刷発行

著　者――山下誠司
発行所――ダイヤモンド社
〒150-8409　東京都渋谷区神宮前6-12-17
https://www.diamond.co.jp/
電話／03･5778･7233（編集）　03･5778･7240（販売）

装丁――――重原 隆
編集協力――藤吉 豊（クロロス）
本文デザイン・DTP――斎藤 充（クロロス）
撮影――――堀内慎祐
製作進行――ダイヤモンド・グラフィック社
印刷――――勇進印刷（本文）・加藤文明社（カバー）
製本――――ブックアート
編集担当――飯沼一洋

ISBN 978-4-478-06964-6